VOTRE PREMIER MOIS AVEC BÉBÉ

LAURENCE DE CAMBRONNE

VOTRE PREMIER MOIS AVEC BÉBÉ

LES 100 QUESTIONS QUE SE POSENT LES PARENTS APRÈS LA NAISSANCE

NOUVELLE ÉDITION

LE LIVRE DE POCHE

Je remercie pour sa relecture attentive le Dr Véronique Duyckaerts, pédiatre, ancien chef de clinique à l'hôpital Saint-Vincent-de-Paul.

Bien que cet ouvrage ait été relu par un médecin, il ne peut en aucun cas se substituer à un suivi médical complet.

*Pour Jeremy, Alexandre, Paul, Raphaël,
Hadrien et Stanislas.*

SOMMAIRE

Préface 17

Introduction 19

1. La première nuit 23

La soirée : entre 18 et 22 heures 24

Il pleure. Qu'est-ce qu'il a ? 24

1. Il a faim 25

2. Il a un rot qui ne passe pas 26

3. Sa couche est sale 26

4. Il a trop chaud ou trop froid 27

5. Il a soif 29

6. Il cherche le sommeil 29

7. Il libère son énergie 30

8. Il pleure encore... 30

Dois-je louer un pèse-bébé ? 31

La nuit : de 22 heures à 6 heures du matin ... 32

Dois-je le coucher sur le dos, sur le côté
ou sur le ventre ? 32

S'il n'est pas dans ma chambre,
vais-je l'entendre pleurer ? 34

Combien de tétées vais-je donner dans la nuit ? ... 36

S'il dort toute la nuit, dois-je le réveiller ? 37

S'il ne boit que 20 g et s'endort,
que dois-je faire ? 38

Dois-je le nourrir immédiatement s'il pleure ? ... 38

1. Attendez quelques minutes 39

2. Allez le voir 39

Je l'ai nourri à minuit, 2 h 30 et 5 h 30.
Est-ce normal ? 39
Bébé pleure toutes les deux heures :
ses biberons de 60 g sont-ils
assez consistants ? 40
Ses repas durant une heure : est-ce normal ? 41
1. Un bébé sur dix est lent 41
2. Avez-vous bien positionné la tétine
dans la bouche ? 41
3. Êtes-vous sûre qu'il ne joue pas
avec votre sein ? 41
4. Le pas de vis de la tétine n'est-il pas
trop serré ? 42
5. Peut-être n'a-t-il pas très faim ? 42

2. Le premier bain 45
Peut-on donner un bain
si le cordon n'est pas tombé ? 46
Faut-il lui laver les cheveux tous les jours ? 47
Et si l'eau lui rentre dans les oreilles ? 47
Quel est le moment idéal pour donner le bain ? 47
Bain le matin ou bain le soir ? 48
S'il n'aime pas du tout le bain et qu'il pleure
à chaque fois qu'on l'y plonge ? 48

3. La première sortie 49
Dois-je sortir bébé s'il naît
entre novembre et février ? 49
Et s'il naît pendant l'été ? 50
Peut-on l'exposer au soleil ? 50

4. Les premiers petits maux 53
Que faire s'il a les fesses rouges ? 53
Les éternuements sont-ils le signe qu'il a froid ? 54
Faut-il s'inquiéter lorsque ses yeux coulent ? 54
Que faire lorsque la peau de bébé est sèche ? 55
Tous les bébés crachouillent-ils ? 55

Bébé a des plaques ou des petits boutons rouges
sur le corps 55

5. L'allaitement 59
Choisir ou non d'allaiter 60
Pourquoi choisir d'allaiter? 61
Dans quels cas vaut-il mieux ne pas allaiter? 61
Mettez toutes les chances de votre côté
pour que l'allaitement se passe bien 62
Combien de temps allaiter? 63
Allaitement court ou allaitement long? 63
1. Vous choisissez l'allaitement long
(plus de deux mois) 64
2. Vous choisissez l'allaitement court 66
3. Nourrir deux mois, est-ce mieux
qu'un mois? 67
L'allaitement au jour le jour 68
Faut-il se laver les seins avant
et après chaque tétée? 68
Comment éviter les crevasses? 68
Et si les crevasses apparaissent tout de même,
comment activer la cicatrisation? 69
Et si un de mes seins est engorgé? 70
Que faire si je n'ai pas beaucoup de lait? 71
Si on n'a pas beaucoup de lait,
pourquoi ne pas choisir l'allaitement mixte? 73
Bébé n'arrive pas à téter.
Est-ce que mes bouts de seins sont trop plats? 75
J'ai peur de grossir, alors que j'aimerais maigrir 75
Comment s'installer confortablement
lorsqu'on donne la tétée? 76
En combien de temps bébé doit-il boire
sa tétée? 77
Peut-on tirer son lait et le congeler? 78
Comment sevrer votre bébé? 78
Où trouver aide et conseils? 79
1. La Leche League 79
2. Solidarilait 80

6. Faut-il nourrir bébé à la demande ? 83
Pourquoi nourrit-on de plus en plus
à la demande ? 83
Pourquoi ne faut-il pas culpabiliser de vouloir
donner un cadre à son enfant ? 87
Parce que, contrairement à ce que l'on pense,
l'apprentissage est une donnée essentielle
de la vie animale 87
Parce que le vrai message de Françoise Dolto est :
parole et fermeté 88
Parce que le sommeil est aussi important
que l'alimentation 88
Parce que la routine, cela donne des repères 89
Un bébé nourri à heures régulières ne risque-t-il pas
de boire de trop grosses quantités ? 89
Comment nourrir le bébé de façon plus régulière
sans le traumatiser ? 90
Peut-on imposer des horaires
à un enfant prématuré ? 91

**7. Comment faire dormir bébé
une petite nuit ?** 93
Que dois-je faire s'il pleure à 2 heures du matin ? 93
Comment « tenir » s'il pleure ? 94
Que faire s'il pleure plus de dix minutes ? 96
Et s'il ne dort pas cinq heures d'affilée,
ni la première ni la deuxième partie de la nuit ? ... 97
S'il pleure après son biberon de 18 heures,
puis-je lui en donner un autre vers 20 heures ? 97
Que faire s'il s'endort vers 21 heures ? 98
Et s'il s'endort sur son biberon de 23 heures
alors qu'il n'a ingéré que 30 g ? 98
Y a-t-il un emploi du temps idéal ? 99

**8. Combien de repas dois-je donner à bébé :
cinq, six ou sept ?** 101
Dois-je essayer de retarder le plus possible
le biberon du soir ? 102

S'il pleure vers 2 heures du matin,
dois-je lui donner à boire de l'eau ? 103

9. Comment passer à quatre repas ? 105
Quelle est la solution si je n'arrive pas
à le faire patienter une heure et demie ? 106
S'il a bu à 6 heures, 10 h 30 et 14 heures,
comment va se passer la fin de la journée ? 107

10. Faut-il stériliser les biberons ? 109

11. Que faut-il penser de la tétine ? 111
Elle masque les vrais problèmes 112
Elle empêche la communication 112
Elle crée une dépendance 113
5 conseils de spécialistes 113
    Edwige Antier 113
    Chantal de Truchis 114
    Myriam Szejer 114
    Béatrice Di Mascio 114
    Laurence Pernoud 114
En conclusion 115

12. Le rot 117
Les positions qui favorisent le rot 118
Faut-il que bébé fasse un rot au milieu
du biberon ou faut-il attendre qu'il l'ait fini ? 118

**13. Dans quels cas faut-il changer
de lait ?** 121
À quoi reconnaît-on une véritable intolérance
au lait de vache ? 122
Quels sont les autres signes ? 122
Y a-t-il un risque à changer le lait
d'un nourrisson ? 123
Tous les laits se valent-ils ? 123
Peut-on changer de lait de son propre chef ? 123

14. Comment s'organiser avec des jumeaux ? 125

Pourquoi ne pas opter pour l'allaitement mixte ? 127
Pourquoi ne pas donner en alternance
le sein à un jumeau et un biberon à l'autre ? 128
Faut-il écrire sur un cahier les heures
des biberons et la quantité absorbée ? 128
Peut-on nourrir les jumeaux à la demande après
trois semaines s'ils ne sont pas prématurés ? 128

15. Y a-t-il des bébés pleureurs ? 131

Quelles sont les causes les plus fréquentes
des pleurs du nouveau-né ? 133
Les coliques 133
Les régurgitations 134
L'allaitement facilite-t-il la digestion du nouveau-né ? ... 135
Un enfant pleureur peut-il être tout simplement
un enfant angoissé ? 136

16. Bébé craint-il le bruit ? 139

17. Le reflux gastro-œsophagien 141

C'est quoi, un reflux gastro-œsophagien ? 141
En quoi consiste le traitement du reflux ? 143
Les laits épaissis 143
Les traitements médicamenteux 143

18. Si vous êtes triste, donnez une explication à votre bébé 145

Quelques situations problématiques 146
Comment parler à votre bébé ? Et avec quels mots ? ... 146

19. Je n'ai pas l'instinct maternel 149

Faut-il s'inquiéter ? 150
Il faut du temps 150
C'est bon pour le couple 150
Les liens se tissent jour après jour 151
Certaines femmes avouent être déçues... 151

On peut toujours rattraper le temps perdu 151
Il est légitime mais faux de penser
    que l'on ne pourra jamais aimer le deuxième
    ou le troisième autant que le premier 152

20. Comment combattre le baby-blues 153
Les causes du baby-blues 154
Sept conseils de « pro » 155
   À la clinique ou à l'hôpital 155
   À la maison 155
Trois bons « trucs » avant la naissance 156
Le retour à la maison 157

21. Les pères du XXIᵉ siècle 159
5 conseils aux mères 161
5 conseils aux pères 162

22. Dormir avec bébé : révolution ou mode ? ... 165
L'avis des spécialistes 166
... Et mes conclusions 168
   Le co-sleeping est déconseillé par les médecins 169
   Pensez aussi à votre couple... 169

Annexes 171
Annexe I : Les symptômes inquiétants 173
  1. Bébé change de couleur 174
  2. Bébé a plus de 38 °C de fièvre 174
  3. Bébé a la diarrhée pendant
     vingt-quatre heures 175
  4. Bébé n'arrête pas de pleurer 177
  5. Bébé a un panaris 178
Annexe II : Les fausses angoisses 179
  1. La constipation 179
  2. Les vomissements 180
Annexe III : Ce qu'il faut acheter avant la naissance 181
Pour bébé 181
  1. Les vêtements 181
  2. Le nécessaire de toilette 182

Pour vous 182
Le matériel de puériculture 183
    1. Les indispensables 183
    2. Vous hésitez à acheter... 184
Annexe IV : Urgences pédiatriques 185

Bibliographie 189

PRÉFACE

Vous tenez entre vos mains l'édition 2013 de *Votre premier mois avec bébé*. La première édition de ce livre est parue en 1998. À l'époque, j'étais rédactrice en chef à *Elle*. Hadrien et Raphaël, mes jumeaux, avaient quatre ans. Ils étaient mes quatrième et cinquième enfants. Je me trouvais alors à la tête d'une tribu de cinq garçons. Ce qui, me semblait-il, me donnait une certaine légitimité pour écrire un livre sur les bébés. Aujourd'hui, la famille s'est agrandie. J'ai deux petits-fils, Maxélie et Zacharie. Mes jumeaux viennent d'avoir dix-huit ans, j'ai quitté *Elle* et je travaille dans l'édition.

Lorsque j'ai décidé d'actualiser ce livre, je pensais n'effectuer que de légères modifications : mettre des euros à la place des francs, enlever le chapitre sur la stérilisation des biberons – qui ne se fait pratiquement plus – et nuancer deux ou trois affirmations qui me paraissaient, avec le temps, un peu péremptoires.

Puis je me suis aperçue que beaucoup de choses avaient changé : on nourrit les bébés à la demande, on donne de plus en plus souvent une tétine, on allaite beaucoup plus et beaucoup plus longtemps (69 % des femmes allaitent en 2012, contre 40 % en 1995).

Sans compter que sont apparus tous ces nouveaux mots : le co-sleeping, le maternage proximal, le portage, le peau

à peau... Ils correspondent à de nouveaux comportements très fusionnels, véhiculés par des sites écolos et
par les militantes de l'allaitement maternel.

Mais le grand changement, ce sont les pères. Depuis
2002, ils ont droit à un congé de paternité de onze jours,
et ils en profitent. En 2011, un sondage de la DREES[1] révé-
lait que deux pères sur trois prenaient effectivement ce
congé.

Ils sont là, à la maison, aux côtés de leur compagne : ils
changent leur bébé, leur donnent le bain, les promènent
dans leur poussette ou dans un porte-bébé. Les nouveaux
pères des années 1980 sont devenus des partenaires à
part entière. Et c'est formidable. C'est une révolution. Je
leur consacre un chapitre.

Merci à mes amies Laure Leter et Lauren Bastide, « jeunes
mères » journalistes à *Elle*, ainsi qu'à mon fils Jeremy
Gilbert qui m'ont aidé à actualiser ce livre. Et à Delphine
Leperchey, mon éditrice, jeune mère elle aussi, qui a relu
ce livre très attentivement et m'a donné de judicieux
conseils.

---

1. Direction de la recherche, des études, de l'évaluation et des statistiques.

INTRODUCTION

Ce livre doit vous rassurer. La première nuit, le premier bain, les premiers biberons, les premiers pleurs à la maison sont toujours un peu angoissants. Vous vous posez mille questions, parfois naïves, et elles vous paraissent si bêtes que vous n'osez même pas les poser à votre pédiatre. Ce livre est censé y répondre. C'est pendant ce premier mois qu'on a besoin de soutien. Après, on a eu le temps de faire connaissance avec son bébé, on sait comment il réagit, on le voit grossir et on est moins inquiète.

Ce livre doit vous permettre d'y voir plus clair.
Autrefois, les choses étaient simples. Laurence Pernoud n'avait pas écrit son best-seller. Le savoir se transmettait de mère en fille dès la première tétée. Les grands-mères avaient un rôle, qu'elles tenaient fort bien. Les jeunes mamans ne lisaient pas, elles écoutaient.
Aujourd'hui, il est bien difficile de se faire une idée. On entend tout et son contraire. Une chose est sûre, c'est Françoise Dolto qui nous l'a appris : « le bébé est une personne » avec qui il faut communiquer.
À part ça, avouons-le, nous sommes parfois un peu perdues. Car, après le premier livre de Laurence Pernoud, paru dans les années 1960, il y en a eu beaucoup d'autres. Chaque

génération a eu sa « bible » : Cohen-Solal, Aldo Naouri, Edwige Antier, Anne Bacus, Philippe Grandsenne... Chacun a son opinion, son charme, ses certitudes. Aujourd'hui, il y a aussi Internet : Wikipédia, les blogs, les forums, les sites aufeminin.com, doctissimo.fr ou vertbaudet.fr... Beaucoup d'infos. Trop d'infos, parfois.

Et nous, qu'est-ce qu'on fait ? On fait dormir bébé dans le lit des parents, ou pas ? On le nourrit à la demande, ou pas ? On donne une tétine, ou pas ? On allaite longtemps, ou juste quelques semaines ?

Difficile de s'y retrouver. Une voix – modeste – s'élève : la mienne. Drôle d'expérience. Cinq enfants en dix-huit ans : en 1976, Jeremy (aujourd'hui père de Maxélie, né en 2001, et de Zacharie, né en 2005) ; en 1980, Alexandre ; en 1988, Paul ; en 1994, Hadrien et Raphaël. Sans oublier Stanislas, mon neveu, né en 1974, qui fut le premier enfant de la famille !

Ce livre peut vous aider à faire dormir bébé une « petite nuit », dès l'âge d'un mois et demi pour certains, de deux mois pour d'autres. Mais sans le laisser pleurer, comme on le faisait autrefois ! Je vais vous expliquer comment canaliser le sommeil de votre enfant avec doigté, douceur et détermination, pour lui offrir dès l'âge de trois mois de longues nuits apaisées d'une durée de neuf ou dix heures. Sachez que, pour le développement de votre enfant, le sommeil est aussi important que l'alimentation. Vous lui apprendrez à dormir « d'une traite ». Cela vous permettra de ne pas vous lever chaque nuit pendant des mois, comme on voit malheureusement trop de parents le faire aujourd'hui.

**Ce livre vous apporte aussi les conseils d'une profession-
nelle, Colette, qui m'a tant appris !**
Elle était puéricultrice à domicile. Elle aidait les mamans
juste après la naissance, durant quelques jours, comme
le font les « doulas[1] » en Angleterre ou aux USA. Elle
avait « lancé » dans sa vie – j'ai fait le calcul – deux cent
cinquante-quatre bébés. Aujourd'hui, dans le même
esprit, l'assurance maladie lance un programme d'accom-
pagnement du retour à domicile (Prado). Les mères ont
droit à deux visites d'une sage-femme libérale rembour-
sées par la Sécurité sociale. Aux Pays-Bas et aux USA, ce
système de « professionnelle à domicile » est généralisé.
Ces visites sont précieuses.

Ce livre n'est pas un livre de recettes. Environ huit cent
mille bébés naissent chaque année en France. Ils sont
tous élevés par leur mère de façon différente. Il n'y a pas
de lois. Je ne suis ni juge, ni médecin, ni donneuse de
leçons. Je veux être pour vous, tout simplement, une
bonne copine journaliste qui a lu beaucoup de livres
sur les bébés, qui a interviewé beaucoup de mères, qui
a regardé pas mal de sites et de forums et qui, après
cinq enfants et deux petits-enfants, a l'expérience des
nouveau-nés.

1. doula.org.uk

1

LA PREMIÈRE NUIT

Ça y est. Votre bébé est bien emmitouflé dans vos bras. Le père de votre enfant porte la valise et vous vous dirigez vers la voiture, contente de quitter la maternité. Pour la première fois, vous vous retrouvez seule avec votre petit. Heureuse… et pourtant un peu inquiète face à cette nouvelle responsabilité.

Si vous quittez la maternité le troisième ou le quatrième jour (parfois, on vous pousse dehors encore plus tôt), vous vous sentirez un peu faible. C'est normal, c'est le moment de la première montée de lait. Et c'est fatigant.

Pendant le trajet, les nouveau-nés ont habituellement la bonne idée de dormir.

À la maison, si vous avez d'autres enfants, c'est l'euphorie. Ils sont généralement très excités et ravis que vous soyez de retour. Le premier biberon – ou la première tétée – est un événement. Mère ou belle-mère, mari, frères et sœurs, meilleure amie : ils sont tous là. Parfois trop nombreux, d'ailleurs. On aimerait mieux être un peu tranquille. Il faut bien le dire, il y a de l'électricité dans l'air.

Lorsque la fin de la journée arrive, bébé se met parfois à pleurer. Et vous commencez à vous poser des questions. A-t-il faim ? Froid ? Ou mal quelque part ? Vous lui donnez un biberon ou une tétée vers 18 ou 19 heures. Souvent, il se calme, mais parfois il continue à pleurer après avoir été nourri. Alors, l'angoisse commence à s'installer. La nuit arrive. Il est trop tard pour appeler le pédiatre. Chacun donne son avis : «Tu devrais faire ci ou ça », conseille l'amie qui est venue vous aider. L'agitation est à son comble. Et vous devenez de plus en plus nerveuse…

« Que ce soit leur premier ou leur quatrième enfant, les parents, le premier soir, sont tous un peu inquiets, me racontait Colette, la puéricultrice. Les bébés sont souvent en pleurs et les mamans aussi. »

Dans les pages qui suivent, je vais essayer de passer en revue toutes les situations auxquelles vous pouvez être confrontée cette nuit-là, de vous faire part de mon expérience et de vous donner des réponses courtes, claires et précises. Car je sais que vous n'aurez pas énormément de temps à consacrer à la lecture de ce livre. Vous serez trop occupée. Mais je sais aussi que vous avez besoin d'être soutenue et rassurée.

La soirée : entre 18 et 22 heures

Essayez de limiter le comité d'accueil aux frères et sœurs du bébé. Demandez à votre mère, votre belle-mère ou votre meilleure amie de venir plutôt le lendemain, lorsque vous serez reposée et que l'aîné ou les aînés seront en classe. Le premier soir, moins il y a de monde, mieux c'est.

• Il pleure. Qu'est-ce qu'il a ?

Le célèbre pédiatre américain T. Berry Brazelton dit clairement : « Un bébé en bonne santé pleure. » Bon. C'est aussi ce que me disait la puéricultrice Colette : « Un bébé qui

pleure m'inquiète moins qu'un bébé qui ne pleure pas ! »
Elle m'avait raconté l'histoire de cette petite fille qui ne
pleurait jamais. Il fallait la réveiller pour lui donner chacun
de ses biberons. Elle avait l'impression que cette enfant
n'avait pas envie de vivre. Les pleurs, « c'est l'instinct de
survie ». Évidemment, pour nous, les mères, ce n'est pas
du tout ça. Les pleurs nous inquiètent. Mais la réflexion
de Colette était judicieuse et surtout réconfortante.

Un bébé n'est pas un malade. Aucun hôpital, aucune clinique ne laisse sortir un enfant malade. Il y a bien sûr
quelques symptômes qu'il ne faut pas négliger et qui
nécessitent une intervention d'urgence. Je les ai réperto-
riés en annexe (voir annexe I, p. 173-178). Ils sont extrêmement rares.

Mais revenons à *votre* enfant. Vous êtes rentrée de
la maternité vers midi. Il est actuellement entre 18 et
20 heures et votre bébé pleure. Pourquoi ?

1. *Il a faim*

C'est ce à quoi vous allez penser immédiatement, mais ce
n'est pas forcément la bonne réponse. Faites vos calculs.
S'il a bu il y a deux ou trois heures, il a en effet sûrement
faim. Proposez-lui alors, s'il est nourri au biberon, 30 ou
60 g de plus que ce que l'on vous a indiqué à la maternité.
Les voyages, ça creuse. S'il a très faim, il aura ce qu'il
faut. Sinon, il le laissera.

S'il a bu il y a moins de trois heures, puis-je lui donner à boire ?

La réponse est oui. Autrefois, on disait qu'il fallait laisser
un intervalle de deux ou trois heures entre deux biberons
ou deux tétées pour que le bébé digère. Les temps ont bien

changé. Le célèbre pédiatre de l'hôpital Saint-Vincent-de-Paul, Philippe Grandsenne, auteur de *Bébé, dis-moi qui tu es* (Marabout), est formel : « Il n'y a aucun intervalle minimum entre deux prises alimentaires », en tout cas le premier jour à la maison, car l'enfant est perturbé par le changement d'environnement. Si vous le nourrissez au sein, vous pouvez lui donner à boire quand il le demande. Et s'il est nourri au biberon, vous pouvez aussi le nourrir à la demande et, surtout, autant qu'il veut. C'est une bonne nouvelle car cela permet de limiter les pleurs...

2. Il a un rot qui ne passe pas

S'il pleure alors qu'il a pris le sein ou son dernier biberon il y a moins d'une heure, il y a de fortes chances qu'il n'ait pas faim mais qu'un petit rot soit resté coincé. Celui-ci est parfois très long à venir. Cela gêne terriblement le bébé qui a tendance à se tortiller. Lorsque le rot sort, l'enfant se sent tout de suite mieux. Pour lui faire faire son rot, il y a plusieurs méthodes. La plus classique – lui tapoter le haut du dos – n'est pas toujours la plus efficace. Je préfère le « balancier », c'est-à-dire : je penche bébé en avant, puis je le redresse ou j'appuie légèrement sur le côté gauche de son ventre (voir chapitre 12).

3. Sa couche est sale

Changez-le. Normalement, à cet âge-là, bébé ne pleure pas parce qu'il a fait dans sa couche. Mais s'il a les fesses un peu rouges, ce qui arrive parfois à la sortie de la maternité, l'urine et les selles peuvent provoquer des picotements ou de petites brûlures.

Le remède ? Bien le nettoyer à l'eau et au savon ou avec du liniment oléo-calcaire. (Mon amie Laure et toutes ses amies ont utilisé ce produit : c'est de l'huile d'olive mélangée à de la chaux. Ça s'achète en pharmacie et c'est souvent recommandé par les sages-femmes.) Éviter les lingettes. Bien sécher les fesses, surtout dans les plis. Personnellement, j'ai toujours utilisé la pommade Mitosyl, mais surtout l'éosine, quand les fesses étaient rouges. Aujourd'hui, il existe en pharmacie de nombreuses crèmes adaptées à cet usage (Bepanthen, Cicalfate, Dermalibour...). Ce qui est sûr, c'est qu'il vaut toujours mieux sécher la peau avec de l'éosine lorsque les fesses sont rouges plutôt que de les tartiner avec de la crème.

4. Il a trop chaud ou trop froid
Les nouveau-nés sont souvent trop couverts. Contrairement à ce que l'on pense, le bébé souffre plus du chaud que du froid. La maternité était surchauffée et vous trouvez que, chez vous, il fait un peu frais. De plus, on vous a recommandé de garder la température de la chambre de votre enfant à 19 °C. Résultat : vous avez tendance à couvrir bébé plus qu'il ne faudrait. N'oubliez pas que vous êtes fatiguée, et donc que vous avez froid. Ne réagissez pas par rapport à vous. Mettez plutôt un pull supplémentaire et touchez la nuque ou le haut du dos de votre enfant (et non les mains, qui sont toujours un peu froides, la circulation des petits ne se faisant pas encore très bien), pour évaluer s'il a chaud ou froid.

Quelle est la tenue idéale ?
Un body qui ne s'enfile pas par la tête (les bébés n'aiment pas qu'on leur passe des vêtements par la tête, essayez d'en trouver qui s'attachent sur le côté) et un pyjama-grenouillère.

L'hiver, si vous craignez qu'il ait froid, ajoutez un gilet en laine boutonné sur le devant et des chaussettes.

L'été, vous le laisserez en body. Il y en a de très jolis, avec col, à rayures ou à fleurs.

Petite réflexion personnelle : j'ai toujours eu peur que mes bébés aient froid et j'ai toujours eu tendance à trop les couvrir. Je devais me faire violence pour ne pas monter le chauffage. Résistez vous aussi à la tentation, car il est très important que la température de la chambre ne dépasse pas 19 °C. L'été, bien sûr, la température sera plus élevée. En cas de canicule, laissez votre bébé en couche.

Faut-il le mettre dans une turbulette ou sous une couverture ?

Surtout pas de couette ni de couverture dans le berceau ! Il faut mettre bébé dans une turbulette (c'est une sorte de sac de couchage avec deux trous pour les bras). Bien sûr, si l'hiver il fait 18 °C dans la chambre, vous trouverez qu'il y fait un peu froid. Et vous serez perplexe. Vous voudrez rajouter une petite couverture, mais attention ! Dans le carnet de santé que l'on vous remet à la maternité, il est écrit noir sur blanc **qu'il ne faut absolument mettre ni couette, ni oreiller, ni couverture dans le berceau** (c'est une des trois recommandations qui ont fait chuter de manière spectaculaire le nombre de morts subites du nourrisson ; voir p. 169).

Certaines mamans ont peur que le bébé soit perdu dans sa turbulette. Il n'en est rien. On trouve maintenant des turbulettes « premier âge » qui sont absolument parfaites.

5. Il a soif

L'été, lorsqu'il fait très chaud, vous vous demanderez s'il faut donner de l'eau à votre bébé entre les biberons de lait.

Il y a quelques années, l'Académie américaine de pédiatrie a recommandé aux femmes de ne pas donner d'eau en dehors des biberons et des tétées, le lait maternel ou les biberons procurant suffisamment de liquide aux bébés. Donc le message est clair : éviter l'eau en supplément et, surtout, ne pas donner d'eau sucrée.

Cependant, en cas de forte chaleur, il arrive que les bébés soient très énervés. Un peu d'eau peut les calmer. Les nouveau-nés savent très bien ce qui leur est nécessaire. S'ils ont soif, ils boiront deux ou trois gorgées. Certains repousseront la tétine, car bien souvent ils n'aiment tout simplement pas l'eau. Si vous avez peur que bébé ait trop chaud, il vaut mieux lui donner un bain.

C'est ce que je faisais pour Jeremy, qui est né en avril 1976, une année de canicule. Je ne lui ai pas donné de biberons d'eau car il n'aimait pas cela, mais il a pris beaucoup de bains tièdes.

Conclusion : il est inutile, sauf en période de chaleur exceptionnelle, où l'on peut craindre la déshydratation, de donner à boire de l'eau à un nouveau-né. S'il fait très chaud et que vous allaitez, il est préférable de le mettre au sein entre deux tétées, plutôt que de lui donner de l'eau.

6. Il cherche le sommeil

Un bébé pleure souvent de fatigue. Il cherche le sommeil et ne le trouve pas. Il continue de téter, les yeux fermés.

Et, bien sûr, vous croyez qu'il a faim. Or, il s'agit d'un simple réflexe. Il peut parfois pleurer avant de s'endormir. Surtout le soir, à l'heure du crépuscule.

Mais aucune nouvelle mère ne peut laisser pleurer son bébé très longtemps. Surtout le premier jour. Je vous conseille donc de le prendre dans vos bras et de marcher avec lui dans la maison jusqu'à ce qu'il s'endorme.

7. Il libère son énergie

Il est ahurissant de constater qu'un si petit être est capable de développer autant de force vitale. J'ai toujours pensé que les nouveau-nés étaient beaucoup plus forts et résistants que nous. Bébé pleure en fin de journée comme s'il voulait libérer un trop-plein d'énergie. Il faudra peut-être lui laisser cette possibilité, plus tard, sans bien sûr que cela dure plus de dix minutes. Mais surtout pas le premier jour.

8. Il pleure encore...

Les solutions suivantes ne me paraissent pas si mauvaises :

– **Promenez-le dans un porte-bébé ou dans une écharpe** et faites ce que vous avez à faire, avec votre bébé contre vous.

– **Mettez-le contre votre sein** si vous allaitez. Donnez-lui à boire autant qu'il veut.

– **Marchez avec lui dans l'appartement** et bercez-le jusqu'à ce qu'il s'endorme. Car il va bien finir par s'endormir. En le prenant sur vous, vous le rassurez et vous vous rassurez.

– **Massez-le.** Mettez un peu d'huile d'amande douce ou de crème hydratante sur vos mains et caressez-le.

Inspirez-vous du merveilleux livre de Frédéric Leboyer, *Shantala* (Éditions du Seuil).

– **Vous pouvez, enfin, le prendre quelques minutes avec vous dans votre lit.** Mettez-le entre vous deux. N'oubliez pas qu'il est perturbé, qu'il a changé de lit, d'environnement, de température ambiante. Les voix ne sont plus les mêmes, les odeurs non plus. Il a toutes les raisons du monde de ne pas être très à son aise. C'est normal qu'il pleure. Cela ira mieux demain. Faites-lui découvrir l'appartement et surtout parlez-lui. Racontez-lui la nouvelle vie qu'il va mener. Cela le rassurera.

De toute façon, il n'y a pas de problème qui ne puisse attendre le lendemain puisque bébé n'est pas malade (sauf exceptions : voir annexe I, p. 173-178).

• Dois-je louer un pèse-bébé ?

Non. On ne pèse plus les bébés à la maison. On vous l'a sûrement dit à la maternité. À celles, sans doute peu nombreuses, qui hésiteraient encore, je suggère d'écouter le pédiatre Aldo Naouri, qui écrit en gros caractères dans son livre *L'Enfant bien portant* (Odile Jacob) : « Le pèse-bébé est le premier objet à bannir absolument de son environnement. Il n'est strictement d'aucune utilité. »

Si le pèse-bébé est inutile à la maison, il est en revanche indispensable de surveiller la courbe de poids du bébé en allant régulièrement chez un médecin ou à la PMI[1]. Au minimum, une fois par mois durant les quatre premiers mois.

---

1. La Protection maternelle et infantile est un service public gratuit. Dans les centres de PMI, on peut consulter des médecins et des psychologues, assister à des cours ou à des animations et trouver une assistante maternelle (allopmi.fr).

Mon conseil

Le temps est révolu où l'on pesait bébé avant et après chaque tétée (j'ai connu cela en 1976, pour Jeremy) et où l'on complétait par un biberon s'il le fallait ! Comme le dit Naouri, le pèse-bébé est source d'angoisse. Imaginez que votre enfant ne prenne pas les 20 à 40 g par jour réglementaires, vous allez être anxieuse. Or, bébé est comme nous : certains jours, il a faim, d'autres un peu moins. Dans une dizaine de jours, il sera pesé par le pédiatre et cela est amplement suffisant. Cependant, s'il ne grossit pas correctement, le pédiatre estimera peut-être nécessaire que le poids soit suivi à la maison. Il prescrira alors l'utilisation d'un pèse-bébé. Mais c'est très rare.

La nuit : de 22 heures à 6 heures du matin

• Dois-je le coucher sur le dos, sur le côté ou sur le ventre ?

Dans les années 1970, on couchait tous les bébés sur le ventre, à l'américaine. On avait peur qu'ils ne s'étouffent en régurgitant. Puis des études effectuées en 1986 et 1987, confirmées en 1993, ont établi un lien entre la position dans laquelle on couchait bébé et la mort subite du nourrisson. Les Hollandais et les Anglais ont été les premiers à réagir et à faire dormir leurs enfants sur le dos et sur le côté. Le nombre de morts subites diminua en quelques années de façon très significative.

En France, en 1991, on a recensé 1 464 morts subites du nourrisson. Trois campagnes d'information successives ont encouragé les mères à coucher bébé sur le dos ou sur le côté. Avec un succès absolument spectaculaire. Le nombre de morts subites est passé à 450 en 1996 et 338 en 1999. Entre 1991 et 1996, il a diminué de 70 %. En 2011, le chiffre est tombé à 250. Et pourtant, nous sommes le pays d'Europe où le nombre de morts subites est le plus élevé. En 2002, des études ont montré l'incidence de la nicotine. On recommande de plus en plus aux mères de ne fumer ni pendant la grossesse, ni pendant l'allaitement, ni près du bébé.

Ces campagnes recommandaient aussi, comme nous l'avons dit plus haut, de maintenir la température de la chambre à 19 °C et de coucher bébé sur un matelas ferme, sans oreiller ni couette.

Mes trois premiers enfants ont dormi sur le ventre. Les jumeaux ont été à cheval sur deux écoles : Hadrien dormait sur le ventre, Raphaël sur le côté. Il est évident que si j'avais un bébé aujourd'hui, je le ferais dormir sur le dos. Car on sait maintenant qu'un bébé couché sur le dos tourne la tête lorsqu'il régurgite, et qu'il n'y a pas plus de risques d'étouffement sur le dos que sur le côté.

La position sur le ventre aura été une parenthèse dans la vie des nourrissons. Ma mère me disait qu'autrefois tous les bébés dormaient sur le dos ou sur le côté. Elle avait pour habitude de rouler une serviette-éponge entre le berceau et le dos du bébé pour le caler. Et elle changeait de côté le petit rouleau après chaque biberon.

Par ailleurs, concernant la façon de coucher bébé, on recommande de plus en plus de placer l'enfant assez près du haut du berceau afin que sa tête touche le bord. Un nouveau-né n'a pas conscience des limites de son corps. Il a tendance à chercher le cadre du lit. Cela le rassure. Sans doute essaie-t-il de recréer les conditions de sa vie intra-utérine, surtout lors des derniers jours où il séjournait, la tête en bas. Dans son lit, le bébé ne doit pas être perdu dans un espace trop vaste.

Dans son livre *L'Éveil de votre enfant* (Albin Michel), Chantal de Truchis explique : « Vous veillerez à ce que les premières semaines, le corps du bébé ne se trouve pas dans une sorte de "vide". Les bébés même en grandissant ont souvent besoin que leur tête parfois leur dos soit contre quelque chose, sans doute pour se sentir tenus, pour avoir une enveloppe. » Au passage, j'en profite pour signaler que ce livre est passionnant : il raconte l'expérience unique de la crèche-pilote de Loczy, créée à Budapest par Emmi Pikler en 1946 pour des bébés n'ayant plus de parents. Une crèche qui a beaucoup encouragé l'autonomie du petit enfant.

Mais revenons à la façon de coucher bébé.

Aujourd'hui, on recommande de coucher le bébé dans un couffin ou un berceau pendant les premières semaines. Vers un mois/un mois et demi, vous pourrez le laisser dans le berceau ou le mettre dans un lit à barreaux.

• S'il n'est pas dans ma chambre, vais-je l'entendre pleurer ?

Certaines mères gardent le berceau dans leur chambre pendant les premières semaines. Il est vrai que de nombreux pédiatres le recommandent : Edwige Antier, Julien Cohen-Solal, Laurence Pernoud, Béatrice Di Mascio... Si cela vous rassure, vous pouvez en effet garder bébé dans votre chambre le premier mois, ou les deux premiers mois, disons aussi longtemps que vous le nourrissez au milieu de la nuit. Surtout si vous allaitez. Il est évident que c'est pratique et reposant de l'avoir près de vous.

Cependant, j'aurais tendance à me ranger aux côtés d'Aldo Naouri, qui exprime fort bien qu'« il importe de ne pas laisser trop longtemps le bébé dans la chambre des parents et de lui faire réintégrer la sienne dès qu'il aura cessé de se réveiller plusieurs fois par nuit ».

Et si sa chambre est vraiment très loin, laissez les portes ouvertes. Ou optez pour un baby-phone.

Mon amie Laure a laissé le berceau de son premier enfant dans sa chambre, juste à côté du lit, jusqu'à ce qu'il ait six mois. À la naissance de sa fille, elle a recommencé. Mais, très vite, elle a senti que ce n'était bon ni pour le bébé – qu'elle dérangeait souvent en allant se coucher et qu'elle nourrissait au moins une fois dans la nuit – ni pour elle, qui dormait d'un sommeil très léger. Lorsque sa fille a eu deux mois et demi, elle a décidé de mettre le berceau dans la chambre qui lui était destinée, au bout du couloir, en laissant les portes ouvertes. Au bout d'une semaine, sa fille a dormi d'une traite de 20 heures à 6 h 30 du matin. Et ne s'est plus réveillée la nuit jusqu'aux premières poussées dentaires vers cinq mois.

Mon conseil

Vous vous apercevrez assez rapidement qu'un bébé fait beaucoup de petits bruits de succion et de respiration quand il dort. Le moindre gémissement, le moindre soupir risquent de vous réveiller. Or, vous avez besoin de dormir. C'est important.

Ayant constaté cela assez tôt avec mon neveu Stanislas, auprès de qui j'ai dormi plusieurs nuits après sa naissance, j'ai toujours mis les berceaux de mes enfants dans une autre pièce que ma chambre à coucher. Pas très loin de moi mais pas trop près non plus. Car j'avais un sommeil très léger et je ne voulais pas me réveiller tout le temps. Jeremy, qui n'avait pas de chambre, dormait dans l'entrée, Alexandre dans le salon. Paul fut le premier à avoir sa propre chambre.

Personnellement, je n'ai jamais gardé mes enfants dans ma chambre, mais je peux concevoir que certaines femmes dorment mieux avec leur enfant près d'elles. Et je pense que c'est infiniment plus facile, lorsqu'on allaite, de prendre le bébé dans le lit et de le reposer dans son berceau, sans être obligée de se lever.

D'autre part, vous préférerez peut-être garder bébé près de vous quelque temps plutôt que de le coucher dans la même chambre que l'aîné, de peur qu'il ne réveille celui-ci pendant la nuit. Argument recevable.

Pour finir, je pense qu'il n'est bon ni pour le bébé ni pour ses parents que l'enfant reste dans leur chambre au-delà de deux ou trois mois.

• Combien de tétées vais-je donner dans la nuit ?

En principe, deux. Une première aura sans doute lieu entre minuit et 2 heures du matin, et une deuxième entre 4 heures et 6 heures. Les premiers jours, nourrissez à la demande. Bébé va prendre la quantité qu'il désire. Il aura faim à certains moments, moins à d'autres. Ne paniquez surtout pas s'il boit trop ou pas assez. Dites-vous qu'il cherche son rythme. Laissez-lui le temps. Vous allez apprendre à vous connaître. Je trouve le point de vue de Béatrice Di Mascio, la pédiatre de l'émission « Les Maternelles » et auteur de *Mon enfant, de la naissance à la maternelle* (Albin Michel), très intéressant, bien que différent de mon vécu. Elle dit : « En gardant bébé près de votre lit, vous comprendrez mieux ses besoins et vous vous reposerez davantage. Vous hésiterez moins à répondre à ses appels fréquents et à toute heure. En effet, bon nombre de bébés préfèrent téter la nuit, dans le calme. Les premiers temps, vous devrez vous adapter au rythme de votre nouveau-né. Les heures de sommeil perdues pendant la nuit devant se récupérer dans la journée. » Attention tout de même à ne pas vous épuiser. Vous avez besoin d'être en forme pour vous occuper de votre enfant…

Mon conseil

Si vous nourrissez votre bébé au biberon, et si vous voyez qu'il avale son biberon en entier, proposez-lui une quantité plus importante que celle que l'on vous a indiquée à la maternité. Faites un biberon de 120 ml au lieu des 60 ou 80 ml recommandés. S'il a faim, il prendra tout son biberon et, s'il n'a pas faim, il le laissera.

Notez sur un cahier l'heure à laquelle vous l'avez donné et la quantité bue. Pourquoi ? Si vous vous relayez avec le père, il saura ce qui s'est passé auparavant sans avoir besoin de vous réveiller. Même pour vous, il sera parfois difficile de vous souvenir des horaires et des quantités des biberons, surtout la nuit, où l'on a tendance à naviguer au radar.

On peut aussi noter si on a donné un médicament, comment étaient les selles, laisser une recommandation à celui qui va prendre la relève… Bref, c'est un pense-bête, un journal de bord. Très pratique.

• S'il dort toute la nuit, dois-je le réveiller ?

Non. La première nuit, il n'est pas rare, en effet, que l'enfant soit tellement fatigué qu'il dorme de minuit à 6 heures du matin. Vous êtes ravie et vous vous dites : « Il fait déjà ses nuits. » Ne vous réjouissez pas trop tôt. Sa journée de retour à la maison a été épuisante et il a simplement besoin de récupérer. D'autre part, dans certaines maternités, les nouveau-nés sont gavés (parfois, lorsque bébé pleure, on le nourrit pour le calmer) et un bébé peut très bien rester six heures sans boire de lait. De toute façon, il ne faut jamais réveiller un nouveau-né pour le faire boire la nuit. Certains sont de vraies marmottes qui, dès l'âge de quatre semaines, vont dormir jusqu'à 8 ou 9 heures du matin. Surtout, ne les réveillez pas !

J'ai même connu un bébé qui a fait toutes ses nuits, dès le retour de la maternité : il dormait de 23 heures à 7 heures. Celui-là devrait figurer dans le livre des records. Bienheureux parents qui mettent au monde des marmottes !

• S'il ne boit que 20 g et s'endort, que dois-je faire ?

Si vous le nourrissez au sein, vous ne saurez pas quelle quantité il a prise car vous ne le pesez pas. Si vous lui donnez des biberons et qu'il n'avale que 20 ou 40 g au lieu des 60 ou 80 g qu'il prenait à la maternité, inutile d'insister. Il est très difficile de faire boire un nouveau-né qui a décidé qu'il avait sa ration. Il se rattrapera au prochain biberon. On croit qu'un bébé qui a pris la moitié de son biberon dort moins longtemps que s'il l'a avalé en entier. Ce n'est pas toujours vrai. C'est extraordinaire de voir comme l'enfant sait évaluer ce dont il a besoin. J'ai vu souvent mes bébés refuser le dernier biberon du soir, ou le vomir en partie, et dormir tout leur soûl jusqu'à 5 heures du matin. C'est une régulation naturelle.

• Dois-je le nourrir immédiatement s'il pleure ?

C'est évidemment *la* question que vous vous poserez. Voici ce que je vous conseille pour cette nuit. Admettons que vous ayez nourri votre bébé vers minuit. Vous l'avez recouché vers 1 heure. Vous qui êtes tombée comme une masse sur votre oreiller à 1 h 05, vous l'entendez pleurer. Vous allumez et constatez qu'il n'est que 2 heures moins le quart. Que faire?

1. Attendez quelques minutes
Il y a une chance sur deux pour que ces pleurs soient un faux réveil. Il va ronchonner cinq minutes et se rendormir.

2. Allez le voir
Vous avez attendu patiemment cinq minutes (la nuit, cela paraît beaucoup plus long que le jour!) et il pleure toujours. Nourrissez-le. On nourrit à la demande le premier mois. Ne vous imposez aucune contrainte.

• Je l'ai nourri à minuit, 2 h 30 et 5 h 30. Est-ce normal?
Oui, s'il boit trois fois la première nuit, c'est normal. C'est la période d'adaptation. Pour les nuits suivantes, demandez un coup de main au papa. Il peut donner un biberon. S'il est en congé de paternité, il vous aidera. Vous pourrez vous relayer. Certains pères aiment donner le biberon de la nuit. C'est leur manière de participer à cet événement qui parfois leur échappe, et dont ils peuvent même se sentir exclus. En se levant la nuit, en étant seuls avec leur bébé, ils créent cette relation dont ils ont tant besoin. À vous d'évaluer l'équilibre entre leurs craintes et leurs désirs. Soyez attentive. C'est important de bien démarrer votre relation à trois.

• Bébé pleure toutes les deux heures : ses biberons de 60 g sont-ils assez consistants ?

C'est tout à fait possible qu'il n'ait pas sa dose. Ce problème, je l'ai connu dès la naissance de mon premier enfant, Jeremy. Et il a été résolu rapidement.

À l'hôpital, j'allaitais Jeremy et je m'aperçus, puisqu'on le pesait avant et après chaque tétée, qu'il avalait le double de la ration « normale » : 120 g au lieu de 60 g. Lorsque j'ai introduit des biberons, quinze jours plus tard, je décidai de faire ce qu'une puéricultrice de l'hôpital m'avait suggéré : préparer un biberon plus important que ce qui était indiqué sur la boîte de lait en poudre ou par le pédiatre de l'hôpital. Au lieu de faire des biberons de 120 g, je faisais des biberons de 150 g. S'il avait faim, il en prenait la totalité. Sinon, il en laissait et je jetais les 30 g qui restaient au fond du biberon. Mes trois premiers enfants ont toujours bu des biberons beaucoup plus importants que ce qui était recommandé. Il faut dire qu'ils pesaient respectivement 4 kg, 3,6 kg et 4,2 kg à la naissance.

Mon conseil

Je me répète, je le sais, mais c'est un très bon truc et, si vous ne lisez pas ce livre d'une traite (ce qui est probable), il est nécessaire de revenir sur les points importants : lorsque vous préparez les biberons, et si vous avez un bébé du genre glouton, rajoutez 30 ml d'eau et une mesurette de lait supplémentaire. Une fois sur deux, vous jetterez ce surplus. Mais, bien souvent, vous serez contente de voir votre bébé rassasié. Attention cependant à ne jamais le forcer. Respectez ses désirs. Et ne vous inquiétez pas si votre bébé boit moins que les doses recommandées. De même qu'il y a des gloutons, il y a des petits buveurs ! Il faut s'adapter.

● **Ses repas durent une heure : est-ce normal ?**

Non, bien sûr, cela n'est pas normal. Mais c'est fréquent, surtout les premiers temps. On ne sait pas très bien si bébé a bu assez. Dans le doute, on continue. Et, avouons-le, au bout de quelques jours, c'est un peu déprimant car on a l'impression de « ne faire que ça ». Mais il est souvent difficile de comprendre pourquoi c'est si long.

1. Un bébé sur dix est lent

Ce n'est pas votre faute. N'accusez pas non plus le lait. Ne pensez pas que votre bébé est malade. C'est tout simplement un petit père tranquille ou un jouisseur. Il profite de la vie et de sa maman. Il prend son temps. Mais cherchez tout de même s'il n'y a pas une autre cause.

2. Avez-vous bien positionné la tétine dans la bouche ?

Souvent, lorsqu'on introduit le biberon dans la bouche, on ne s'aperçoit pas qu'on glisse la tétine sous la langue, car le bébé a tendance à poser sa langue sur le palais. On croit qu'il tète mais le lait ne coule pas. Avant de donner le biberon, ouvrez-lui la bouche en appuyant votre doigt sur la gencive inférieure et regardez si la langue est en bas, à l'horizontale.

3. Êtes-vous sûre qu'il ne joue pas avec votre sein ?

Normalement, une tétée ne doit pas durer plus de trente-minutes. Vous ne vous en rendez pas compte mais le lait coule très vite de votre sein. Bébé peut prendre en cinq minutes ce dont il a besoin. Des chercheurs américains ont démontré que l'enfant absorbe 50 % de sa ration de lait dans les deux premières minutes de la tétée et 80 % dans les quatre premières minutes.

Mais d'autres études ont prouvé que la composition du lait n'était pas la même au début, au milieu et à la fin de la tétée. Durant les premières minutes, le liquide est aqueux, contenant sucres et sels minéraux. Après vient un lait plus riche en protéines. À la fin, il contient beaucoup de graisses. Tous ces éléments sont indispensables à l'enfant. C'est pourquoi les spécialistes de l'allaitement suggèrent de donner un sein pendant vingt minutes pour le vider complètement puis de passer quelques minutes à l'autre sein, si l'enfant a encore un peu faim.

S'il « s'accroche » plus de trente minutes, il est certain que c'est pour le plaisir. Il va tétouiller un petit coup et puis s'arrêter, s'endormir cinq minutes, boire trois gouttes. Et le câlin peut ainsi durer une heure. Lui est très content mais vous, vous trouvez peut-être le temps un peu long. Fixez-vous une limite : entre trente et quarante minutes. Cela est valable les premiers jours. Par la suite, vers un mois, la tétée sera plus rapide. Les bébés accélèrent d'eux-mêmes.

4. Le pas de vis de la tétine n'est-il pas trop serré ?
Souvent, on a tendance à bien serrer la tétine du biberon, pour éviter les fuites de lait. Malheureusement, on empêche ainsi l'air de passer et l'enfant a du mal à téter. Un truc : si vous voyez des bulles se former dans le biberon, c'est bon signe. L'air circule convenablement.

5. Peut-être n'a-t-il pas très faim ?
Ne vous acharnez pas. S'il a faim, il boit en vingt minutes maximum. Si cela dure plus longtemps, c'est qu'il joue, qu'il profite de la vie.

Quelques recommandations concernant les biberons

• **Préparez les biberons au dernier moment**, parce que les germes prolifèrent très rapidement dans le lait.
• **Ne gardez jamais un biberon entamé.** Il ne peut se conserver plus d'une heure.
• **Ne chauffez jamais vos biberons au micro-ondes.** Donnez-les plutôt tièdes. Dans les crèches et les maternités, on les donne à température ambiante. Ne mettez pas la bouteille d'eau minérale dans le réfrigérateur.
• **Sachez que l'eau du robinet est aussi bonne que l'eau minérale.**
• **Ne préparez pas de biberon à l'avance, même en le laissant au réfrigérateur.** Un petit truc pour la nuit : préparez l'eau dans le biberon et rajoutez la poudre au dernier moment.
• **Ne transportez jamais un biberon de lait déjà reconstitué** dans la voiture ou en voyage, surtout s'il fait chaud. Il vaut bien mieux acheter les briques de lait que l'on trouve dans les hypermarchés ou dans les pharmacies.
• **N'hésitez pas à laver biberons et tétines dans le lave-vaisselle.**
• **Si vous avez un bébé glouton, rajoutez 30 ml ou 60 ml par rapport à la dose indiquée sur les boîtes** de lait en poudre. Votre bébé ne finira pas le biberon s'il n'a pas faim. Mais il aura ce qu'il faut si c'est un bon mangeur...

2

LE PREMIER BAIN

Vous trouverez la liste complète de ce qu'il faut préparer
pour le bain de bébé en annexe (voir annexe III, p. 182),
mais je vous donne ici quelques conseils :
– N'oubliez pas que le bain sert plus à détendre l'enfant
qu'à le laver.
– **Une serviette est plus pratique qu'un peignoir.** N'utilisez surtout pas un peignoir à manches. L'idéal : une serviette avec un petit capuchon. Un bébé qui pleure dans le
bain a souvent froid à la tête. D'où l'importance du petit
capuchon, dès sa sortie de l'eau.
– Certains bébés n'aiment pas être déshabillés ni avoir
la peau à l'air, n'apprécient pas l'eau et pleurent dans le
bain. Rassurez-vous, cela passera.
– Dans les livres et à la maternité, on vous conseille de
savonner bébé avant de le tremper dans l'eau. Personnellement, j'ai toujours eu peur qu'il ne prenne froid. Je
préfère l'immerger dans l'eau, passer mon bras gauche
derrière sa nuque et ma main gauche sous son bras
gauche, et le savonner de la main droite.
– Les thermomètres de bain pour enfants indiquent que
la bonne température se situe à 37 °C.
– Si vous en avez la possibilité, il vaut mieux poser la
petite baignoire sur votre lavabo et la remplir avec le

pommeau de votre douche, plutôt que de la poser au fond de votre baignoire. Cela vous évitera de vous pencher, de vous courber et de vous faire mal au dos.

– Si vous n'êtes pas très à l'aise pour tenir bébé dans sa baignoire, n'hésitez pas à vous procurer un petit transat de bain qui vous laissera les deux mains libres pour le savonner. Mais au bout de quelques jours, lorsque vous serez habituée, laissez-le barboter dans l'eau. Il adore ça.

– **Ne paniquez pas s'il glisse**, s'il vous échappe un instant et même s'il boit un peu la tasse. Au fond, il y a huit jours, l'eau était son élément naturel. C'était un petit poisson. Il ne craint pas l'eau : c'est vous qui en avez peur.

– N'oubliez pas de bien sécher les plis de la peau, l'intérieur des coudes, le haut des cuisses, derrière les genoux, entre les doigts de pied.

– Souvent la peau de bébé est sèche. Il existe de formidables savons surgras qui sont parfaits pour le laver. Et après le bain, vous pouvez hydrater sa peau avec de la crème ou du liniment oléo-calcaire.

Peut-on donner un bain si le cordon n'est pas tombé ?

Oui, vous pouvez tout à fait donner un bain à un bébé dont le cordon n'est pas encore tombé. Le cordon est toujours un sujet d'inquiétude pour les mères, et pourtant il n'y a rien à craindre. Il suffit de nettoyer la base du cordon avec une compresse stérile imprégnée de Biseptine, puis de le laisser sécher en rabattant le haut de la couche pour qu'elle ne frotte pas l'ombilic.

Faut-il lui laver les cheveux tous les jours?

Il faut laver la tête des bébés tous les jours avec le gel nettoyant que vous employez pour l'ensemble du corps mais il n'est pas nécessaire de mettre du shampooing. L'eau et le savon suffisent.

Et si l'eau lui rentre dans les oreilles?

N'ayez pas peur si de l'eau rentre dans les oreilles de votre enfant. C'est même une bonne façon de les lui laver. Il suffit, après le bain, de sécher l'entrée de l'oreille avec une serviette. **En revanche, n'utilisez jamais de Coton-Tige.** Vous risqueriez d'irriter l'oreille ou de pousser le cérumen au fond du conduit, alors que celui-ci doit sortir spontanément. Sans parler du danger que représente le fait de trop enfoncer la tige!

Quel est le moment idéal pour donner le bain?

C'est une question délicate! Si vous donnez le bain *avant* la tétée, bébé va sans doute s'endormir sur le sein ou le biberon car la toilette l'aura fatigué. Si vous lui donnez *après*, il aura tendance à régurgiter parce qu'il aura été secoué. Le mieux est de le donner entre deux biberons. Mais souvent, à ce moment-là, il dort. Alors? Essayez et vous verrez ce qui convient le mieux à votre enfant... Tous ne réagissent pas de la même façon. Une de mes amies donnait le bain après la dernière tétée du soir, car elle s'était rendu compte que cela faisait dormir son bébé cinq ou six heures d'affilée. Pas bête!

Bain le matin ou bain le soir?

Il y a deux écoles. Personnellement, je préférais donner le bain dans la matinée, après le premier biberon. Certaines mères donnent le bain en fin de journée, pour calmer l'enfant qui pleure au moment du crépuscule. Le risque est que le bain le calme au point qu'il dorme comme un bienheureux jusqu'à 10 ou 11 heures du soir! Ce n'est pas un problème les premiers jours mais, après, si vous voulez donner des horaires un peu réguliers à votre bébé, cela ne va pas vous aider car il vaut mieux ne pas donner le dernier biberon trop tard (voir p. 99 et p. 102-103).

S'il n'aime pas du tout le bain et qu'il pleure à chaque fois qu'on l'y plonge?

Il faut le rassurer. Le garder dans la baignoire un peu plus longtemps que ce que vous aviez prévu, pour lui apprendre à y trouver du plaisir. Et pourquoi ne pas le mettre sur vous, lorsque vous prenez votre bain? Si cela devient un problème pour vous et que vous finissez par appréhender ce moment, laissez passer deux ou trois jours sans lui donner de bain. Nettoyez-le bien avec du lait de toilette. Vous essayerez à nouveau un jour où vous serez en forme.

Mon conseil

Surtout, n'oubliez pas de bien savonner le cou, la nuque et le haut du dos! C'est l'endroit où coule le lait lorsque votre bébé régurgite.

3

LA PREMIÈRE SORTIE

À la naissance de leur premier enfant, les parents se demandent parfois si c'est une bonne idée de sortir un bébé de quinze jours ou de trois semaines. Vous pouvez, bien sûr, l'emmener avec vous faire quelques courses dans votre quartier. Et si le père veut lui faire faire une petite promenade en porte-bébé, surtout s'il fait beau et pas trop froid, pourquoi pas ? Mais ce n'est pas une obligation.

Dois-je sortir bébé s'il naît entre novembre et février ?

Il est inutile de le promener les trois premières semaines, surtout s'il fait froid ou humide. Et s'il y a un beau soleil, c'est que le mercure est très bas. Les nouveau-nés souffrent beaucoup du froid (si la température descend en dessous de 0 °C). Ils ne bénéficient pas encore d'une bonne régulation thermique, ni d'une très bonne circulation sanguine. Leurs pieds et leurs mains sont souvent froids, voire un peu violets. Ce n'est pas le moment d'ajouter une agression supplémentaire. C'est pourquoi il est préférable de ne pas emmener un tout-petit aux sports d'hiver.

En revanche, il faut impérativement aérer la chambre de votre enfant entre quinze et trente minutes tous les jours, quel que soit le temps. Le mieux est de mettre bébé dans une autre pièce pendant ce temps-là. Sinon, couvrez-le bien dans son berceau et enfilez-lui un petit bonnet de laine.

Et s'il naît pendant l'été ?

Il ira forcément dehors assez rapidement. Mais attention ! Le soleil est extrêmement dangereux pour les petits. Il faut impérativement qu'ils soient toujours à l'ombre, même si le soleil n'est pas fort, le matin ou en fin de journée. Et si vous les promenez, dans un porte-bébé ou dans les bras, le chapeau est indispensable.

Peut-on l'exposer au soleil ?

Jamais. Et cela est valable pour toute la première année. Même si le soleil n'est pas fort. Même si vous ne le laissez que dix minutes. Et s'il fait très chaud, gardez-le dans la pièce la plus fraîche de la maison.

Jeremy est né en 1976, l'année de la canicule. Il n'a pratiquement pas porté de vêtements pendant trois mois. Il vivait le jour avec sa couche et la nuit avec un petit pyjama en coton extrêmement léger ou une chemisette. Il faisait déjà si chaud en mai et en juin que j'allais le promener au parc de 8 heures à 9 heures du matin, « à la fraîche », puis je rentrais à la maison, je fermais les volets de l'appartement et je ne le sortais plus de la journée. C'est ce que m'avait conseillé une vieille amie de ma mère, qui m'avait fait comprendre combien le soleil et la grosse chaleur sont nocifs au nouveau-né.

Tous les spécialistes sont catégoriques : les bébés sont toujours trop couverts. Je me souviendrai longtemps de ce nouveau-né confortablement installé dans un kangourou sur le ventre de sa mère. Nous étions en juin et il était 11 heures du matin. La mère était en short et en tee-shirt. Il faisait 27 ou 28 °C. Le bébé avait une brassière en laine et un bonnet. Je n'ai pas pu m'empêcher de lui suggérer de le dévêtir. Elle avait l'air très étonnée. Pourtant, le corps de la mère est une vraie couveuse. Il faut faire très attention à ne pas trop couvrir les bébés qui sont dans des porte-bébés ou des écharpes.

Mais revenons à la promenade. Les nouveau-nés n'aiment pas les changements. Ils voudraient être toujours dans le même lit, dans la même chambre et sortir à heures fixes. C'est comme ça qu'ils sont heureux. Rien ne vaut une bonne petite routine. Une promenade quotidienne lorsque vous allez faire les courses et un petit tour dans le parc voisin ou au square leur convient très bien. Inutile de les emmener le premier mois à la campagne ou au bord de la mer pour qu'ils respirent du bon air pur. (Pendant les pics de pollution dans les grandes villes, mieux vaut simplement laisser l'enfant dans sa chambre.)
Mais cela est évidemment plus réalisable l'hiver, quand on n'a pas très envie de sortir, de bouger, de partir sur les routes, que l'été, où tout nous pousse dehors.
Il faut aussi savoir que certains bébés dorment partout du sommeil du juste. Ceux-là, rien ne semble les perturber. On les balade dans leur *cosy*, on les emmène en voyage, ils avalent les *jet-lags* comme personne. Bref, ce sont des enfants exquis, faciles, qui ne pleurent jamais. Des anges.

Qui font le bonheur de leurs parents. Ceux-là, inévitablement, seront trimbalés partout. Et vous ne penserez pas à leur offrir une bonne routine. Ils sont tellement sympas ! Profitez-en mais n'abusez pas de leur gentillesse. Ils ont droit aussi à un peu de calme.

4

LES PREMIERS PETITS MAUX

Une série de petits problèmes peuvent vous inquiéter durant ces premiers jours : même s'ils vous chiffonnent, ils ne nécessitent pas pour autant un coup de téléphone au pédiatre.

Que faire s'il a les fesses rouges ?

C'était autrefois un problème très répandu. Aujourd'hui, c'est moins courant car la qualité des couches a beaucoup progressé. Il est loin, le temps où les bébés restaient des heures dans des couches en tissu humide et rêche ! Néanmoins, lorsque ce problème se produit, mieux vaut savoir comment procéder. D'abord, il faut toujours laver les fesses à l'eau. Moi, je mettais un peu de savon liquide dans une bouteille d'eau (bien sûr, je changeais l'eau tous les jours) ou bien j'utilisais un savon antiseptique. Ne pas utiliser de lait de toilette. Cela pique terriblement. Éviter les lingettes si les fesses sont très rouges. Il faut bien sécher le siège en soufflant et en tapotant avec une serviette. Ou utiliser un sèche-cheveux, moins irritant qu'une serviette (conseil de sage-femme). Attention : dans ce cas, placez-vous assez loin de bébé, pour ne pas le brûler ! Il faut ensuite mettre un peu d'éosine, laisser sécher à nouveau et éventuellement – mais pas obligatoirement –

tartiner de crème pour le siège (Mitosyl ou Cicalfate, par exemple).

Les éternuements sont-ils le signe qu'il a froid ?

Non. Tous les bébés éternuent. On croit qu'ils ont froid, donc on les couvre, alors qu'il ne s'agit que d'un réflexe souvent lié à une lumière trop vive. En fait, c'est leur manière à eux de se moucher. La moindre petite poussière qui vient irriter leurs muqueuses, ils l'évacuent. Sachez qu'il n'y a pratiquement pas de rhumes d'origine virale le premier mois, chez le nourrisson, sauf si les frères et sœurs sont eux-mêmes malades.

Faut-il s'inquiéter lorsque ses yeux coulent ?

Un trajet en voiture, l'air conditionné, un courant d'air : il suffit d'un rien pour que les yeux de bébé soient un peu rouges et qu'il y coule un mince liquide jaunâtre. Achetez en grande surface ou chez votre pharmacien du sérum physiologique, et rincez l'œil avec une dose après chaque biberon. Si cela ne passe pas au bout de deux jours, consultez votre pédiatre. Avec un traitement adapté, cela disparaîtra en quelques jours.

Enfin, méfiez-vous des petits transats dans lesquels on commence à poser les bébés lorsqu'ils ont trois semaines ou un mois. Ils sont au ras du sol, où il fait froid, exposés aux courants d'air. Mettez-leur une petite couverture sur les jambes.

Que faire lorsque la peau de bébé est sèche?

La peau des nouveau-nés est particulièrement sèche. Parfois, on aperçoit des petites plaques rouges dans les plis des genoux, des poignets, derrière l'oreille ou dans le creux des coudes. C'est souvent parce que la peau a été mal séchée après le bain. Personnellement, j'ai beaucoup utilisé sur mes enfants la Cold Cream et la crème Akérat que l'on trouve en pharmacie, qui nourrit la peau et n'est pas grasse. Une crème hydratante est aussi très bien pour le corps. Les massages à l'huile d'amande douce sont également excellents, et les bébés adorent ça !

Tous les bébés crachouillent-ils?

Tous les bébés crachouillent un peu. Cela ne doit pas être un sujet d'inquiétude. Souvent, on retrouve sur le drap près de leur bouche un petit peu de vomi, qui, s'il a été régurgité une heure après le biberon, sentira mauvais. Il n'y a rien à faire de particulier. J'avais l'habitude de glisser sous la tête de mon bébé une petite taie d'oreiller ou un morceau de vieux drap usé, plié en deux, bref un tissu qui soit doux au toucher et qui n'irrite pas bébé, pour protéger le drap. Je changeais cette étoffe après chaque biberon.

Bébé a des plaques ou des petits boutons rouges sur le corps

Faut-il incriminer la lessive ou les adoucissants? Le problème ne date pas d'hier. Dès que la peau de bébé devient un peu sèche, dès que surviennent de petites plaques rouges, on évoque une allergie à la lessive. Et nous étions quelques-unes, dans les années 1970-1980, à laver tous les vêtements de nos bébés à la main avec du savon de Marseille ou des paillettes Le Chat. On l'a fait pour le premier enfant. Ensuite, on a lavé les vêtements à la machine...

J'ai été particulièrement intéressée de lire dans le livre d'Edwige Antier la phrase suivante : « Ma pratique médicale m'autorise à dire que les allergies aux lessives ou aux adoucissants sont très rares. » C'est aussi mon avis. Mais mon panel est nettement plus restreint que celui d'Edwige Antier.

Chez les bébés, les petites plaques rouges vont et viennent. J'ai souvent mis quelques gouttes d'huile d'amande douce dans l'eau du bain, afin que la peau soit moins sèche. Il est certain – les dermatologues le répètent souvent – que c'est la sécheresse de la peau qui favorise les allergies cutanées.

S'il n'est pas forcément utile de changer de lessive et d'assouplissant, il est en revanche conseillé de ne pas mettre d'eau de Javel dans la machine lorsque vous faites la lessive des vêtements de votre bébé. Mais ne vous compliquez pas la vie à laver ses affaires à la main et au savon de Marseille. Quand je l'ai fait, les résultats n'ont pas été spectaculaires !

Bien sûr, en discutant avec des amies, j'en ai trouvé deux ou trois qui m'ont assuré avoir vu une amélioration étonnante de l'état de la peau de leurs bébés après avoir supprimé l'adoucissant. Mon amie Laure a remplacé l'adoucissant par du vinaigre blanc. Ça ne sent absolument pas après le lavage, ça laisse le linge plus souple que lorsqu'on n'ajoute rien... et ça coûte 60 centimes le litre. Voilà un bon truc de grand-mère !

Il existe enfin ce qu'on appelle l'acné du nouveau-né. Bébé a de petits boutons rouges terminés par une pointe blanche. C'est assez courant. Il faut alors bien laver la figure à l'eau et tamponner les petits boutons avec de la Biseptine. Ils disparaîtront en quelques jours.

Mon conseil

Il est certain que, pour lutter contre la peau sèche, les crèmes hydratantes sont excellentes. Je conseillerais d'abord de les utiliser avant de supprimer lessive et adoucissant.

5

L'ALLAITEMENT

Le 18 septembre 2012 sont parus les résultats de l'étude Épifane (Épidémiologie en France de l'alimentation et de l'état nutritionnel des enfants pendant leur première année de vie)[1]. On les attendait, car les derniers chiffres concernant l'allaitement dataient de 2005.

L'étude a été réalisée auprès de 3 500 nouveau-nés nés entre le 16 janvier et le 5 avril 2012 dans 140 maternités françaises. Les résultats ont porté sur 2 936 mères. Voici les chiffres : en France, plus de deux tiers des nouveau-nés (69,1 %) sont allaités à la maternité mais ils ne sont plus que 54 % à être allaités un mois plus tard. N'oublions pas que ces chiffres étaient respectivement de 40 % et 10 % lorsque j'ai publié la première édition de ce livre, en 1995.

Nous avons donc fait du chemin en vingt ans. L'augmentation du nombre des femmes qui allaitent est spectaculaire. Et c'est une très bonne chose.

Il faut savoir qu'au XVIIIe siècle (Élisabeth Badinter le raconte très bien dans son livre *L'Amour en plus*), le bébé est envoyé dès la naissance chez une nourrice à la cam-

---

1. Étude Épifane publiée dans le *Bulletin épidémiologique hebdomadaire* (BEH) de l'Institut national de veille sanitaire (InVS). À consulter sur www.Illfrance.org/Evenements-Manifestations/Des-chiffres-pour-2012.html.

pagne. Qu'il soit enfant de bourgeois, de commerçants ou d'artisans, il reste chez sa nourrice un, deux ou trois ans. En 1780, à Paris, seulement 5 % des bébés sont allaités par leurs mères, et 5 % par une nourrice à domicile, dans les familles les plus fortunées.

Beaucoup de bébés meurent chez la nourrice. La mortalité infantile est telle que gouvernants et philosophes s'en inquiètent. Jean-Jacques Rousseau, en prônant le retour à la nature, va devenir le grand défenseur de l'allaitement maternel. Dans l'*Émile*, publié en 1762, on peut lire : « c'est la responsabilité de la mère d'allaiter, elle aura en retour la tendresse de son enfant et l'attachement de son mari » !

Il faudra attendre la fin du XIXe siècle pour que soit abandonné le recours à la nourrice « mercenaire ». Et la fin du XXe siècle pour que les femmes délaissent le lait en poudre au profit du lait maternel. Ce n'est donc qu'au début du XXIe siècle que les femmes écouteront les préceptes de Rousseau !

Choisir ou non d'allaiter

Nourrir au sein ? Pour certaines, la réponse est évidente. C'est oui ou c'est non. Je ne vais m'adresser dans les lignes suivantes qu'à celles qui n'ont pas encore pris leur décision. Celles qui hésitent. Mon avis est que si votre grossesse s'est très bien passée, si le père est attentif, si vous le sentez très proche, très concerné, cela vaut la peine de tenter cette aventure. Mais rentrons un peu plus dans le détail.

• **Pourquoi choisir d'allaiter ?**

– **C'est une expérience unique.** Qui sait ? Peut-être n'aurez-vous qu'un seul enfant. Il ne faut pas rater cette occasion, même si vous n'allaitez que quelques jours ou quelques semaines.

– **C'est un des plaisirs de la vie qu'il ne faut pas se refuser.** La chaleur de ce petit corps contre le vôtre, le regard de l'enfant qui tète, l'osmose, la fusion… Inoubliable.

– **C'est évidemment excellent pour l'enfant.** Selon l'OMS, le lait maternel contient des anticorps qui protègent de maladies telles que la diarrhée et la pneumonie, les deux premières causes de mortalité du nouveau-né dans le monde. D'autre part, il protège le tube digestif pendant plus d'un mois après l'arrêt de l'allaitement.

– **C'est du lait sur mesure.** Il est prouvé que le lait maternel a une consistance différente le matin et le soir, en début et en fin de tétée, et – encore plus extraordinaire – selon que la mère a accouché à terme ou prématurément.

– Les dernières recommandations de l'OMS (juin 2012) indiquent que le fait d'allaiter aide les femmes à retrouver plus vite leur **poids d'avant la grossesse** et **atténue le risque de cancer du sein**.

Alors, même si c'est un peu compliqué – le lait qui coule le matin dans le lit, les crevasses qui peuvent apparaître, le manque de lait ou son excès –, il me semble qu'il faut avoir vécu cela une fois dans sa vie.

• **Dans quels cas vaut-il mieux ne pas allaiter ?**

Si vous n'en avez pas envie ! Et si vous pensez que :

– **Cela va vous abîmer les seins.** Il paraît que non : c'est une étude parue dans une revue américaine de chirurgie esthétique qui l'affirme[1]. Mais beaucoup de femmes disent le contraire...

– **Cela risque de dégoûter le père.** Et cela serait une entrave pour retrouver la sexualité d'avant bébé. Si vous sentez que votre partenaire bloque sur la question, laissez tomber. Il faut avoir de l'attention pour lui. Votre couple est sûrement plus fragile que l'estomac de votre bébé.

– **Cela fait mal.** Tous les spécialistes disent qu'un allaitement bien conduit ne doit pas faire mal...

Mais, dans ces trois cas, je vous déconseille d'allaiter : avec ces idées-là, vous risquez de ne pas y trouver de plaisir, de mal démarrer votre relation avec votre bébé et peut-être même de le lui faire payer plus tard (« Tu m'as bien fait souffrir » ou « Avec son père, tout s'est dégradé après la naissance »). Et puis, vous avez tout à fait le droit de vouloir protéger votre couple...

Enfin, mieux vaut un allaitement au biberon bien vécu qu'un allaitement maternel mal vécu.

Pour résumer : ne vous forcez pas. Si vous ne le sentez vraiment pas, ne le faites pas. Même si votre mère ou votre grand-mère vous regarde d'un air pincé. Cela n'a aucune importance et votre enfant ne vous en voudra absolument pas.

• **Mettez toutes les chances de votre côté pour que l'allaitement se passe bien**
Les dernières recommandations de l'OMS sont très claires. Voici les trois piliers de l'allaitement maternel.

---

1. B. Rinker *et alii*, « The Effect of Breastfeeding on Breast Aesthetics », *Aesthetic Surgery Journal*, 2008, 28(5), p. 534-537.

– L'allaitement au sein doit commencer dans l'heure suivant la naissance.
– L'enfant doit être allaité « à la demande » aussi souvent qu'il le désire, nuit et jour.
– Les biberons ou les tétines sont à éviter.
En pratique, ce n'est pas toujours réalisable : quelques aménagements sont heureusement possibles...

Combien de temps allaiter ?

C'est évidemment la question que se posent toutes les femmes qui travaillent (en France, 84 % de la population féminine âgée de vingt-cinq à quarante-neuf ans – chiffres Insee de 2009) : le congé maternité ne dure guère plus de deux mois après l'accouchement.
Dans ces conditions, comment concilier travail et allaitement ? Certaines y arrivent bien puisque, en Île-de-France, entre 56 % et 68 % des enfants sont allaités plus de trois mois. À ce sujet, je vous recommande, le site de Marlène Schiappa, mamantravaille.fr, « le premier réseau de mères actives », et le chapitre « Travail et allaitement » sur le site de la Leche League (lllfrance.org).
Dans ce domaine, il n'y a pas de recettes. **Mais il y a tout de même un premier choix.**

• Allaitement court ou allaitement long ?
Allez-vous reprendre le travail dix semaines après la naissance ? Ou bien vous arrangerez-vous pour prolonger un peu l'arrêt, en ajoutant un mois de vacances et un éventuel « congé thérapeutique » de quinze jours (pour césarienne, allaitement, fatigue...) ? Si tel est le cas, vous pouvez allaiter trois ou quatre mois et, éventuelle-

ment, continuer à donner une tétée matin et soir pendant quelques semaines après avoir repris le travail. Cela me semble une bonne solution.

1. Vous choisissez l'allaitement long (plus de deux mois)
Il exige l'observance de quelques règles d'or.
L'allaitement doit être complet. Vous ne devez pas introduire de biberons (qu'ils soient constitués de lait en poudre ou de lait maternel) pendant le premier mois. Il ne faut pas que bébé soit en contact avec une tétine. Pour une raison simple : la position de sa langue est différente s'il boit au sein et s'il boit au biberon. S'il commence à boire avec une tétine, il changera sa façon de téter et risquera de ne plus stimuler suffisamment la lactation du sein. Des crevasses pourront alors se former. Attention, néanmoins, pas de terrorisme ! Vous pouvez faire donner par le papa un biberon de lait maternel (avec un tire-lait) deux ou trois fois pendant le premier mois, si vous voulez dormir une nuit complète. Mais pas plus. Tous les spécialistes le disent : l'introduction précoce des biberons empêche une bonne mise en route de la lactation.
L'allaitement doit être intensif. Vous devez impérativement nourrir à la demande pendant tout le premier mois. Car plus l'enfant tète, plus la mère a de lait. Ne vous encombrez pas l'esprit avec des règles et des horaires. Certains bébés peuvent téter toutes les heures le matin, puis plus du tout pendant quatre ou cinq heures. C'est l'avantage du lait maternel. Il n'y a aucune contre-indication à donner souvent le sein.
Et surtout, il faut « tenir », même si les débuts sont difficiles. Un allaitement met du temps à s'installer. Il n'est pas rare de voir certaines femmes se demander pendant un mois

si leur lait est bon, si elles vont arrêter, si l'enfant a assez à boire, s'il faut compléter les tétées par des biberons...

Comment avoir le plus de lait possible?

– **Menez une petite vie tranquille.** C'est là tout le problème. S'il s'agit de votre premier enfant, c'est à mon avis tout à fait faisable.

– **Faites vos courses sur Internet** (U-Telemarket, Ooshop, Picard, Leclerc, etc., livrent à domicile) ou allez tout simplement au coin de la rue pour quelques emplettes. Faites-vous livrer les bouteilles. Évitez les hypermarchés.

– **Faites une sieste l'après-midi.**

– **Ne vous lancez pas dans un grand ménage,** même si la maison vous paraît sale et en désordre après huit ou dix jours d'absence. Ne rangez pas les placards et ne vous lancez pas dans des projets culinaires compliqués!

– **Ne sortez pas le soir.** Attendez quinze jours ou trois semaines avant d'aller chez les copains ou même au cinéma.

– **Cocoonez et sachez en profiter.** C'est peut-être la seule fois de votre vie que vous aurez une bonne excuse pour ne pas faire grand-chose!

– **Expliquez au père que cette petite vie paisible doit durer de deux à trois semaines,** mais qu'après vous pourrez sortir à nouveau.

Bien sûr, si bébé est votre deuxième ou troisième enfant, il sera beaucoup plus difficile de suivre ces conseils à la lettre, à moins que vous ne soyez très aidée à la maison. Car s'il faut aller chercher le ou les aînés à l'école, faire des courses et préparer les repas, vous ne serez pas entièrement disponible pour nourrir à la demande, et vous serez tentée de faire donner un biberon par un tiers pour vous reposer. Mieux vaut alors tirer votre lait avec un tire-lait et préparer des biberons de lait maternel que de donner du lait en poudre. Et emmenez votre bébé partout avec vous en vous préparant à allaiter n'importe où. Repérez les coins tranquilles, à l'écart de la foule, et prévoyez d'emporter une petite couverture pour recouvrir la tête de l'enfant pendant qu'il tète lorsqu'il est dans le porte-bébé. Cela vous garantira un peu d'intimité.

Mais, n'oubliez pas : si vous sentez que vous n'avez pas beaucoup de lait, si vous êtes déprimée, si vous avez des crevasses, si vous êtes très occupée par les autres enfants, si vous êtes très fatiguée, si vous êtes angoissée à l'idée de reprendre le travail au bout de deux mois, vous pouvez parfaitement choisir de nourrir votre bébé au sein deux, trois ou quatre semaines seulement. Vous avez LE DROIT de faire ce choix. Ne culpabilisez pas.

2. Vous choisissez l'allaitement court

Vous pouvez par exemple allaiter complètement à la demande les quinze premiers jours puis introduire dès la troisième semaine un biberon de temps en temps, l'après-midi ou la nuit, ce qui vous permettra de vous reposer ou de sortir. En sachant que ce système ne sera pas viable très longtemps, faute de lait. Mais avoir nourri votre bébé un mois, c'est déjà lui avoir donné un bon départ dans la vie. Pour les femmes qui recommencent à travailler rapidement ou qui ne veulent tout simplement pas allaiter trop longtemps, c'est une bonne solution.

Mon expérience : j'ai nourri mon premier enfant sans problèmes jusqu'au jour où son père a été opéré en urgence de l'appendicite. Jeremy avait alors trois semaines. Est-ce l'angoisse, la fatigue des allers-retours à l'hôpital ou l'introduction d'un biberon de lait en poudre dans l'après-midi ? En quatre jours, je n'avais plus de lait dans la journée. Huit jours plus tard, Jeremy était sevré. J'avais nourri trois semaines : c'était mieux que rien.

Pour Alexandre et Paul, j'ai arrêté à la fin du premier mois. Je les ai sevrés en une semaine. Je n'avais pas énormément de lait. J'étais très fatiguée. Je n'ai pas attendu la montée de lait assez importante qui a lieu vers le vingt et unième jour. J'ai « lâché » avant. Nous étions dans les années 1970-1980. Nous étions moins motivées, moins « bios, » moins « écolos », moins « retour à la nature ». Ce n'était pas très « tendance » d'allaiter.

Mon conseil

Si vous sentez que bébé n'a pas sa dose, si vous êtes inquiète, malheureuse, déprimée, si vous avez mal, ne vous acharnez pas. Complétez par un biberon chaque fois que nécessaire. Rapidement, vous retrouverez un certain équilibre, avec l'allaitement mixte ou le sevrage.

3. Nourrir deux mois, est-ce mieux qu'un mois ?

Oui. Cela ressemble à une lapalissade, mais il y a une explication simple : le deuxième mois est un moment privilégié. La mère a bien compris la technique, l'enfant en profite pleinement et les « galères » du démarrage, que l'on rencontre durant les trois premières semaines, sont passées. Si on doit reprendre le travail et sevrer assez vite, ne le faire qu'à la fin du deuxième mois est une bonne solution.

L'allaitement au jour le jour

À présent, je vais m'efforcer de répondre aux questions que vous vous posez. J'en ai sélectionné une dizaine. Si vous voulez en savoir plus, je vous recommande les bons conseils de la Leche League. Cette association a été créée aux USA en 1956, et en 1979 en France. Aujourd'hui, elle est présente dans 68 pays. Vous la trouverez sur Internet (lllfrance.org). Je vous renvoie aussi au livre *L'Art de l'allaitement maternel* : ce sont les témoignages recueillis par les bénévoles de la Leche League. Il s'est vendu à plusieurs millions d'exemplaires dans le monde. L'édition française a été publiée en 2009 chez First puis a paru en poche en 2012 chez Pocket. Enfin, j'aime beaucoup le livre de Marie Thirion, *L'Allaitement* (Albin Michel).

• **Faut-il se laver les seins avant et après chaque tétée ?**
Surtout pas. Car ce qui attire bébé vers sa mère, c'est son odeur. Si vous aseptisez cette région de votre corps, il n'aura plus ses repères et réussira moins bien son mouvement de succion et de déglutition. En résumé, votre douche quotidienne suffit. Et surtout pas de lotion alcoolisée ni de crème hydratante sur les seins. Le lait est le meilleur des antiseptiques.

• **Comment éviter les crevasses ?**
Si des petites fissures sanguinolentes se créent sur l'aréole, vous allez souffrir. Lorsque l'enfant tète, c'est horrible.
Première recommandation : ne pas laver les seins, ne pas les sécher, ne pas mettre de pommade.
Ensuite, il faut que le bébé soit dans une bonne position.
On peut par exemple le poser « nu ou en couche, à plat

ventre, en contact avec le torse nu de sa mère, celle-ci étant en position semi-allongée. Le bébé a la tête sur le haut du thorax maternel (à portée de bisous) et tous deux sont couverts en fonction de la température de la pièce » comme on le lit sur le site de la Leche League. Certains appellent ça la position « transat ».

Il faut aussi que bébé apprenne à prendre en bouche toute l'aréole du sein. Il faut qu'il « s'en mette plein la bouche ». Trop souvent, ses gencives sont placées directement sur le mamelon, ce qui l'abîme.

• Et si les crevasses apparaissent tout de même, comment activer la cicatrisation ?

Claude Didierjean-Jouveau, la rédactrice en chef du journal de la Leche League, qui a eu la gentillesse de relire attentivement ce chapitre, m'a expliqué que, pendant longtemps, on recommandait aux mères de sécher le mamelon à titre préventif, éventuellement avec un sèche-cheveux ! Depuis vingt ans, en cas de crevasses, on recommande... le contraire. C'est-à-dire un pansement en milieu humide. On peut fabriquer une petite compresse de 5 cm sur 5 cm, avec une gaze imbibée de lait maternel et recouverte d'un film plastique transparent, celui que vous utilisez pour couvrir vos aliments dans le réfrigérateur. Cela permet de maintenir l'humidité et donc d'empêcher l'apparition d'une croûte. Vous changerez la compresse toutes les quatre heures. Il faut mettre un soutien-gorge pour la maintenir en place. Pour plus de précisions, je vous recommande encore une fois le site de la Leche League. Sur la page d'accueil, écrivez « pansement au lait maternel » dans la petite fenêtre à droite et déroulez jusqu'à « mode d'emploi » et « en résumé ». Les conseils sont excellents.

Donc, en fin de tétée c'est une bonne idée d'étaler un peu de lait sur le mamelon.

Si vous souffrez de crevasses malgré toutes ces précautions, n'hésitez pas à prendre des antalgiques (paracétamol)... Et éventuellement à mettre de la crème Lansinoh.

Sachez enfin qu'il existe des petits bouts de sein en silicone qui permettent de faire écran entre l'aréole et la bouche du bébé. Ils sont précieux car ils soulagent. Mais utilisez-les avec parcimonie et débarrassez-vous-en le plus vite possible car ils ont UN inconvénient : ils diminuent la lactation.

• Et si un de mes seins est engorgé ?

C'est très fréquent lors des premières montées de lait, durant les cinq ou six jours qui suivent l'accouchement. Cet engorgement est dû à une congestion des vaisseaux sanguins. Le sein devient alors très dur, tendu, gonflé et très douloureux. Il faut le masser. Mettre des gants de toilette bien chauds, prendre des douches chaudes pour faire couler le lait, pour dégorger, pour assouplir le sein. Et faire téter bébé le plus souvent possible. Dès qu'il pleure, vous pouvez le nourrir. Même s'il boit de petites quantités. **C'est la succion du mamelon et le fait que les seins soient régulièrement vidés qui stimulent la lactation**. Les travaux récents sur le mécanisme de la lactation ont d'ailleurs montré que c'est le vidage des seins plus que leur stimulation par la succion qui favorise le processus.

Généralement, ce problème ne dure que deux ou trois jours. Si vous avez trop mal, vous pouvez prendre un comprimé de paracétamol sans craindre de nuire à l'enfant. Mais il faut continuer à le nourrir pour vider vos seins. Si, au bout de cinq ou six jours, vous avez toujours mal, que vous n'en tirez aucun plaisir et que vous déprimez, ne vous acharnez pas. Encore une fois, ne culpabilisez pas si vous arrêtez l'allaitement.

• Que faire si je n'ai pas beaucoup de lait ?

N'oublions pas qu'autrefois les femmes restaient allongées trois semaines après leur accouchement. Les médecins ont aboli cette pratique après la guerre, pour éviter les risques de phlébite engendrés par la position couchée. Mais cela avait une signification : il fallait se ménager pendant ce temps-là pour favoriser la lactation. Rappelons aussi qu'une montée de lait assez importante a lieu le vingt et unième jour après la naissance. C'est un moment de grande fatigue. Jusque-là, l'allaitement est souvent chaotique. Passé ce cap, généralement, les choses s'arrangent. Si vous voulez continuer à allaiter, suivez ces quelques conseils.

– **Repos** : siestes fréquentes. C'est sans doute le plus important.

– **Nourriture équilibrée** : ne buvez pas d'énormes quantités d'eau ou de lait (ni de bière !) et ne mangez pas de féculents à hautes doses comme on le suggérait autrefois. Faites trois repas normaux. Pensez à boire régulièrement, mais en quantité raisonnable. Autrefois, on disait qu'il fallait éviter certains légumes qui donnent un goût au lait (chou, asperge, brocoli). Mais tout ce que vous mangez modifie le goût du lait et les bébés aiment ça ! Donc pas de restrictions.

– **Relaxation** : ce sont souvent les contrariétés ou les émotions fortes qui font baisser la production de lait. Essayez dans la mesure du possible de vous reposer sur votre lit et de ne pas faire grand-chose.

– **Faites téter bébé le plus souvent possible.** Dès qu'il pleure, vous pouvez le nourrir. Même s'il boit des petites quantités. Encore une fois, vider le sein stimule la montée de lait.

– **Compléter éventuellement avec un petit biberon** si vous avez l'impression qu'il a encore faim après certaines tétées. On ne laisse pas un enfant pleurer après une tétée. Si vous voulez réellement continuer à allaiter et que vous sentez qu'il n'a pas sa dose, il faut lui en donner un peu plus. Certes, cela contredit la recommandation de l'OMS de n'introduire ni biberon, ni tétines. Mais parfois, il faut être pragmatique, savoir que le comportement idéal n'est pas toujours possible. Compléter avec des biberons permet dans ces cas-là de passer un cap difficile. Et l'allaitement se remet en place quelques jours plus tard. Ou ne se remet pas. Et ce n'est pas un drame !

À savoir

1. **La quantité de lait n'est pas proportionnelle à la taille de la poitrine** : avoir une petite poitrine n'est pas un obstacle. Sachez aussi que, pour de nombreuses femmes, la lactation est lente à se régulariser. Parfois, il faut attendre trois semaines avant qu'elle ne se « mette en place ». C'est long, un peu déprimant, et je comprends que ces femmes-là abandonnent, parce que pendant ces trois semaines, l'enfant pleure beaucoup.
2. **Nous produisons toutes la même quantité de lait.** C'est la capacité de stockage qui varie d'une femme à l'autre. Lorsque la capacité de stockage est importante, le bébé prend une grosse dose à chaque tétée donc il ne tétera pas souvent. Si la capacité de stockage est limitée, le bébé devra téter plus souvent, mais il aura finalement la même quantité de lait. Autrement dit, vous aurez toujours assez de lait.

• Si on n'a pas beaucoup de lait, pourquoi ne pas choisir l'allaitement mixte?

Il faut savoir de quoi on parle. Imaginer qu'il est possible d'introduire dès les premiers jours un biberon de lait en poudre la nuit pour pouvoir dormir et un autre dans l'après-midi pour pouvoir faire des courses est un leurre. Si vous le faites, en quelques jours vous n'aurez plus de lait. Il faut nourrir souvent et exclusivement au sein pendant trois semaines pour en avoir suffisamment. Éventuellement, vous pouvez préparer un biberon de lait maternel (tirez votre lait le matin, à la première tétée, où les femmes ont énormément de lait) et le faire donner par le père dans la journée. Il sera ravi mais, encore une fois, ne le faites pas tout de suite après l'accouchement : attendez quinze jours ou trois semaines.

Imaginer que, si on n'a pas assez de lait, on va compléter chaque tétée par un biberon est aussi un leurre. Si cela devient systématique, l'allaitement ne dure généralement pas très longtemps. Et comme nous l'avons dit précédemment, il faut nourrir exclusivement au sein pour que la lactation se passe bien.

Tout cela est bien sûr théorique. Mon amie Élodie en fournit un contre-exemple. Âgée de vingt-huit ans, bien dans sa peau, elle a voulu allaiter son enfant et a complété chaque tétée par un biberon dès la première semaine. Elle a continué pendant deux mois. Elle est parfaitement heureuse et son bébé est épanoui. Il faut aussi savoir tenir compte de l'atmosphère – plus ou moins tendue – qui règne dans la maison. L'idée qu'un allaitement mixte dès le premier mois va s'arrêter très rapidement est donc à nuancer.

Mais si vous choisissez l'allaitement mixte (biberon en alternance avec le sein, ou en complément), faites-le en toute conscience.

Vous décidez que :

– Vous allaitez votre bébé, mais cela peut ne pas durer plus d'un mois.

– Vous ne voulez pas être épuisée : vous souhaitez que quelqu'un donne un biberon la nuit (le père, une sœur ou une mère) et, éventuellement, un autre dans la journée.

– Vous avez envie quand même envie de connaître le plaisir de l'allaitement et d'offrir quelques anticorps à votre enfant.

Dans ce cas, sachez que lorsque vous commencerez à introduire un biberon dans la journée, vers le huitième ou le douzième jour, et un autre la nuit de temps en temps, ce sera en quelque sorte le début du sevrage.

Au moment où j'écrivais ces lignes, j'ai fait la connaissance d'une jeune femme française qui avait longtemps vécu en Angleterre. Mère de trois enfants nés à Londres, elle m'a raconté que, dans la maternité très chic où elle avait accouché, l'allaitement maternel était fortement encouragé (les Anglaises nourrissent davantage leurs enfants au sein que les Françaises). Cependant, les puéricultrices proposaient à toutes les mères de donner le biberon du milieu de la nuit à leur bébé et de leur amener leur petit vers 5 ou 6 heures du matin pour la première tétée.

Alors, qui faut-il croire ? Peut-on, oui ou non, donner un biberon toutes les nuits sans nuire à la lactation ?

Les spécialistes sont formels. Les tétées de nuit sont indispensables les deux premières semaines, pour « booster » la lactation et pour éviter l'engorgement des seins.

• Bébé n'arrive pas à téter. Est-ce que mes bouts de seins sont trop plats ?

C'est une vraie angoisse. La mère vit alors son allaitement comme un échec. Il faut surtout ne pas paniquer et laisser l'enfant près du sein. Inutile de le forcer en lui ouvrant la bouche. Il faut qu'il se calme, qu'il s'apprivoise. Il finira bien par trouver le mode d'emploi. Il faut surtout ne pas le positionner de côté, mais face à vous (voir p. 68-69). Et surtout, faites-lui confiance. Et si, au bout de deux jours, bébé n'y arrive toujours pas, achetez des bouts de sein en silicone. Ils ont sauvé Julie, la mère de mes petits-fils : Elle pleurait, déprimait, culpabilisait, croyant qu'elle ne pourrait pas allaiter. À la maternité, la sage-femme lui a donné des bouts de seins en silicone. Elle a allaité son petit Max jusqu'à l'âge de six mois !

• J'ai peur de grossir, alors que j'aimerais maigrir

C'est vrai que, lorsqu'on allaite, il faut se nourrir correctement et faire trois repas par jour. Mais il n'est pas nécessaire de se bourrer de lentilles et de pommes de terre pour avoir du lait. Il faut simplement avoir une alimentation normale et équilibrée, remplacer les tartines de confiture par du muesli et les féculents par des légumes verts, et ne pas se jeter sur les gâteaux.

Mon conseil

Ne soyez pas obsédée par l'idée de maigrir vite. Vous n'y arriverez pas. Les trois derniers kilos sont très longs à disparaître. Même moi, qui n'ai pas de problèmes de ligne, j'ai toujours dû attendre un an pour retrouver exactement mon poids normal et pour remettre les jupes et les pantalons d'« avant ».

L'explication est simple. Pendant la grossesse, vous avez pris 3 kg de graisses spécifiques, qui ont servi à la construction cérébrale du bébé. Si vous allaitez pendant trois ou six mois, ces graisses vont se diluer dans votre lait. Et lorsque vous cesserez de nourrir votre enfant au sein, ces 3 kg auront « fondu ». L'Organisation mondiale de la santé le dit : « La meilleure façon de maigrir après une grossesse est d'allaiter son enfant longtemps. »

De toute façon, c'est idiot d'entamer un régime avant que bébé n'ait trois ou quatre mois. Cela risque de vous fatiguer terriblement et vous le « paierez » plus tard. Les Anglais disent : « Il faut neuf mois pour faire un bébé et neuf mois pour s'en défaire. »

• Comment s'installer confortablement lorsqu'on donne la tétée ?

Il est très important que vous soyez bien à votre aise lorsque vous nourrissez bébé. Pourquoi ?

– Pour soulager votre dos, qui a été malmené par cette grossesse et qui vous fait sûrement un peu mal.

– Pour que l'enfant ait une bonne position pour téter (afin d'éviter les crevasses).

– Pour que ce plaisir d'allaiter ne vire pas au cauchemar si vous avez eu une épisiotomie. En effet, les points de suture vous font souffrir et la bonne position n'est pas facile à trouver.

Choisissez de préférence un siège bas. Mettez un oreiller sous bébé et placez-en un autre sous vos cuisses, pour que l'enfant ne pèse pas trop sur les points de l'épisiotomie. Éventuellement, posez vos pieds sur un petit tabouret bas, sur le barreau d'une chaise ou sur le sommier du lit. Sachez enfin qu'il ne faut pas que le poids de bébé repose sur le bras. On peut se vautrer dans un canapé, s'arrondir, se pencher, s'allonger. Peu importe, du moment que la position est souple et que vous ne sentez pas le poids de l'enfant. Et favorisez le « peau à peau ». C'est plus facile l'été, bien sûr, quand il fait chaud. La nuit, vous pouvez allaiter dans votre lit, allongée sur le côté. Vous somnolez et bébé est content. Évidemment, lorsque vous avez eu une césarienne, c'est très compliqué de trouver la bonne position : chaque mouvement est une souffrance. Soyez patiente, les douleurs provoquées par la césarienne vont finir par s'estomper. Vous pouvez me croire. J'ai eu quatre césariennes... Il faut souvent attendre quinze jours, parfois trois semaines. Je vous l'ai dit et je vous le répète : les débuts de l'allaitement sont souvent très difficiles.

• En combien de temps bébé doit-il boire sa tétée ?

La réponse est délicate. Colette, la puéricultrice dont j'ai déjà parlé, m'a raconté qu'elle avait vu un bébé boire 200 g en quatre minutes. Mais ce n'est bien sûr pas la règle. Je pense qu'il faut faire confiance à bébé. Il sait parfaitement ce dont il a besoin. S'il s'endort, c'est en général qu'il a eu son compte.

En principe, une tétée dure environ trente minutes les premiers temps, de quinze à vingt minutes par la suite. Après, c'est pour le jeu, pour le plaisir de sucer, de faire un câlin. Mais on ne s'en rend pas toujours compte et on croit qu'il a encore faim. Alors, on continue. Il arrive parfois aussi que bébé alterne les phases de vraie tétée et celles de succion-plaisir. Petit malin !

Dans les livres, on dit que la durée de la tétée ne doit pas dépasser vingt minutes. C'est la théorie. Mais, en matière de bébés, la théorie est souvent difficile à appliquer car, subrepticement, l'affectif vient se glisser dans la « loi » et on cafouille. Surtout les premiers jours. Sachez que cela n'a aucune importance, que toutes les mères ont vécu ce type de problèmes. La « loi » est là à titre indicatif.

Si bébé veut rester au sein, c'est son droit. Qu'il en profite. Si la tétée dure une demi-heure ou trois quarts d'heure, tâchez d'en profiter aussi. C'est un moment tellement délicieux !

• Peut-on tirer son lait et le congeler ?

Absolument. Vous pouvez le conserver quatre mois au congélateur et vingt-quatre heures dans le réfrigérateur, après sa sortie du congélateur. Mais quand vous sortez le lait du réfrigérateur, il faut le donner dans l'heure qui suit. Il est donc possible de vous préparer un petit stock de biberons congelés à l'avance.

Et vous pouvez aussi avoir toujours un biberon de lait maternel en réserve dans le réfrigérateur. Mais attention, il faut le renouveler au bout de trois jours maximum.

Plus vous tirez de lait, plus vous en produisez, et plus vos seins sont souples. Ainsi, ils risquent moins de se congestionner et de s'engorger. À cet égard, le tire-lait est bien utile ! Il n'a qu'un inconvénient, d'ordre psychologique : on a un peu l'impression d'être une vache qu'on trait, ce qui peut être mal vécu. Ne tirez pas forcément votre lait devant le papa.

• Comment sevrer votre bébé ?

Il faut bien sûr éviter d'arrêter l'allaitement trop brutalement. Que vous commenciez le sevrage au bout de huit jours, trois semaines ou deux mois, le principe est le même. Il faut introduire un biberon le premier jour, puis deux, puis trois... En trois ou quatre jours, le sevrage peut avoir lieu, quel que soit l'âge de l'enfant. Pour certaines femmes, ce sera plus long. D'autres voudront garder une tétée le matin et une le soir. Certains bébés sont sevrés assez facilement. D'autres sont vraiment malheureux. Un petit truc de Françoise Dolto : mettez autour du biberon un linge avec l'odeur de la maman. Cela l'aidera.

À savoir : plus l'allaitement est long, moins le bébé acceptera facilement le biberon. Pour éviter ce problème, proposez régulièrement un petit biberon dès que l'allaitement sera bien installé.

Mon conseil

C'est dans la journée que vous avez le moins de lait et le matin que vous en avez le plus. Il est donc judicieux de remplacer d'abord la tétée de 16 heures (le goûter) par un biberon. Ainsi, vous n'aurez pas mal aux seins et vous pourrez profiter de votre après-midi : laissez votre bébé au papa ou à votre mère pour faire des courses ou vous aller vous promener. Ne commencez pas la gym avant un mois. En revanche, marcher est excellent pour retrouver sa forme et pour lutter contre le mal au dos.

• Où trouver aide et conseils ?

1. *La Leche League*

C'est Juliette Binoche qui, la première, m'a parlé de cette association lorsqu'elle a donné ses bonnes adresses au journal *Elle*, dans un numéro qui lui était consacré : « Quand j'ai commencé à allaiter mon fils, j'ai vécu un cauchemar, m'avait-elle raconté. J'étais perdue et les conseils que l'on m'avait donnés à la clinique ne m'aidaient pas. J'ai appelé la Leche League. Au bout du fil, des mamans, toutes bénévoles, répondent aux questions et calment les angoisses. Elles m'ont sauvée. C'est grâce à elles que j'ai pu allaiter mon bébé pendant six mois. » Il y a cent quatre-vingt-sept antennes de la Leche League en France et trois cent trente animatrices.

Leche League : 01 39 58 45 84. Vous pouvez aussi envoyer un message sur leur site Internet (lllfrance.org) : cliquez sur « Contacts », « Besoin d'aide », « Envoyer un mail à notre boîte contact ». On vous répond dans les quarante-huit heures.

2. Solidarilait

Cette association a été créée en 1986 dans les locaux de l'Institut de puériculture, un peu à l'image de la Leche League. Des mamans répondent aux questions que se posent les mères sur l'allaitement. Il existe quinze antennes en France.

Solidarilait : 01 40 44 70 70.

Allaitement : vrai ou faux ?

- **Un sein souple contient moins de lait qu'un sein gonflé.**

  Faux. C'est une impression. Lorsqu'il est très gonflé, le sein est souvent engorgé, du moins les premiers jours. Dans ce cas, il contient moins en quantité qu'un sein souple qui nourrit un bébé de deux mois.
- **Les grandes émotions font passer le lait.**

  Vrai. Une contrariété, un souci, une frayeur peuvent en effet provoquer une « baisse de régime » dans la lactation. Un seul remède : ne pas paniquer. Faire téter le bébé le plus souvent possible. Plus les seins sont vidés régulièrement, plus cela stimule la lactation.

• **Un bébé qui tète trop longtemps risque d'abîmer les seins et de provoquer des crevasses.**

Vrai et Faux. En principe, cela n'a rien à voir. C'est la mauvaise position du mamelon dans la bouche de l'enfant qui engendre des crevasses. Il faut que toute l'aréole soit dans sa bouche. Mais laisser un enfant longtemps au sein n'arrange pas l'affaire.

• **Ce sont les gencives fermes d'un nouveau-né qui abîment le mamelon.**

Faux. Ce ne sont pas les gencives qui provoquent les crevasses.

• **Certaines femmes ont des crevasses parce qu'elles ont la peau trop fragile.**

Faux. Une peau fragile ne provoque pas les crevasses; en revanche, la cicatrisation sera peut-être plus délicate.

L'ALLAITEMENT DANS LE MONDE EN CHIFFRES

Les chiffres suivants indiquent le pourcentage de femmes qui allaitent à la naissance dans les pays de l'OCDE. Selon les pays, les chiffres datent de 2003, 2005 ou 2007. Les chiffres de l'OCDE concernant la France (63 %) datent de 2003. De récentes statistiques ont confirmé qu'en France, depuis 2003, le taux a augmenté d'environ 1 % par an : il est passé à **66 % en 2007** et a atteint **69,1 % en 2012.**

Norvège : 99 %

Danemark : 98 %

Suède : 98 %

Turquie : 97 %

Slovénie : 97 %

Islande : 97 %

Japon : 97 %

Hongrie : 96 %

République tchèque : 96 %

Finlande : 93 %

Roumanie : 90 %

Chypre : 78 %

Espagne : 78 %

Royaume-Uni : 78 %

Malte : 75 %

Mexique : 90 %

Australie : 90 %

Portugal : 89 %

MOYENNE DE L'EUROPE
DES 21 : 87 %

Nouvelle Zélande : 85 %

République slovaque : 84 %

Grèce : 83 %

MOYENNE DES 24 PAYS
DE l'OCDE : 83 %

Canada : 82 %

Italie : 80 %

Pays-Bas : 79 %

Belgique : 65 %

France : 63 %

Irlande : 43 %

6

FAUT-IL NOURRIR BÉBÉ
À LA DEMANDE ?

Autrefois, les bébés étaient nourris toutes les trois heures le premier mois, puis toutes les quatre heures à partir d'un mois et demi/deux mois. On les laissait pleurer tant que ce n'était pas « l'heure ».
Ce temps est heureusement révolu. Aujourd'hui, les pédiatres, les pédopsychiatres, les puéricultrices et les sages-femmes qui suivent les mères après l'accouchement leur suggèrent de nourrir leur enfant à la demande.

Pourquoi nourrit-on de plus en plus à la demande ?

Ce comportement est apparu dans les années 1970 : c'était le temps du « retour à la nature ». Il s'est généralisé dans les années 1990, suite à la publication de nombreuses études anglo-saxonnes décrivant le stress que subissent les nouveau-nés et les « violences » auxquelles ils sont soumis durant les premiers jours de leur existence. Ce stress pourrait retarder leur équilibre biologique.
En mars 2012, le Dr Maria Iacovou et l'économiste Almudena Sevilla-Sanz ont publié une étude[1] menée sur

---

1. Dans le *European Journal of Public Health* (www.iser.essex.ac.uk).

10 419 enfants dans la région de Bristol, en Angleterre. Les enfants nourris à la demande lorsqu'ils étaient bébés (que ce soit au sein ou au biberon) ont mieux réussi les tests scolaires à cinq, sept, onze et quatorze ans que les bébés nourris à heures fixes. Et ils auraient un QI de cinq points supérieur !

Aujourd'hui, la plupart des spécialistes recommandent de nourrir les bébés à la demande pendant les trois premiers mois, que la mère allaite ou qu'elle donne des biberons de lait en poudre.

Malheureusement, cette méthode n'est pas toujours compatible avec nos vies. À la rigueur envisageable pour le premier enfant, elle est impensable s'il faut aller chercher les aînés à l'école, préparer les repas, faire les courses, se ménager une vie sociale et reprendre le travail deux mois après la naissance...

Et cela, même si, répétons-le, le père est nettement plus présent qu'autrefois. Plus de deux tiers des hommes prennent les onze jours de congé auxquels ils ont droit depuis l'instauration du congé de paternité, en 2002.

Il me paraît donc possible et souhaitable de nourrir votre enfant à la demande le premier mois mais difficile de le faire pendant trois mois. Je pense cependant qu'il est possible de trouver un compromis.

Si vous allaitez, il est indispensable de nourrir votre bébé à la demande le premier mois pour installer une bonne lactation (comme nous l'avons vu dans le chapitre précédent).
Et si vous donnez le biberon, vous pouvez aussi nourrir à la demande pendant un mois.

Pourquoi, en effet, ne pas s'accorder un mois de vie fusionnelle avec ce nouveau-né qui a tant besoin d'être rassuré ? Cette naissance a été un choc, pour lui comme pour vous. Votre enfant a sûrement besoin d'un « maternage proximal » : cette expression fait directement référence à une pratique développée dans les années 1960 par le psychanalyste anglais John Bowlby. Elle a été popularisée par le pédiatre américain William Sears dans son livre *The Attachment Parenting Book* (2001) et dans plus d'une centaine d'émissions de télévision !

Le maternage proximal, très à la mode aujourd'hui, désigne un ensemble de comportements fusionnels : allaitement total à la demande pendant de longs mois, portage des bébés, sommeil partagé (appelé cododo). C'est la pédiatre Edwige Antier et Claude Didierjean-Jouveau, présidente de la Leche League de 1989 à 1997, qui ont médiatisé ces pratiques.

Bref, si vous êtes heureuse, si cette vie vous convient, si elle convient au père et si vous n'êtes pas trop fatiguée, vous pouvez bien sûr continuer à nourrir votre bébé à la demande un mois de plus. Certaines d'entre vous, adeptes du maternage proximal, continueront peut-être pendant trois mois, six mois, voire un an.

Je pense au cas de Carole. Après une maîtrise de droit à vingt et un ans et un DESS de création d'entreprise, elle monte sa société d'informatique et emploie neuf personnes. À trente ans, elle a un premier enfant. Elle arrête de travailler pour pouvoir, dit-elle, nourrir son bébé exclusivement au sein pendant un an. C'est sa volonté, son désir le plus cher. Deux ans plus tard, deuxième enfant et rebelote. Il est nourri au sein pendant un an et toujours à la demande, le jour comme la nuit. Carole ne connaît pas les horaires. Aujourd'hui, à trente-deux ans, elle semble épanouie. Elle aime ça, c'est évident. Ses enfants, dit-elle, n'ont jamais pleuré. Ils dorment tous les deux dans le lit des parents. Le rêve ? Peut-être, mais elle ne fait que ça depuis trois ans, a sans doute 20 kg en trop et n'a pas d'autre occupation que de prendre soin de ses enfants. Si elle est heureuse et si son mari est content, pourquoi pas ? Moi, je n'aurais pas pu...

Et je pense aussi aux femmes qui ne voient pas tout en rose. Pour qui cette disponibilité permanente est mal vécue. Soudain, à la fin du premier mois, tout semble parfois si difficile à vivre.

Il y a celles qui sont déprimées, celles qui sont fatiguées, voire épuisées. Celles qui ont peur de ne pas avoir l'instinct maternel, celles dont l'allaitement se passe mal, celles qui ont des crevasses, celles qui voient le père de l'enfant s'éloigner de la maison ou s'éloigner d'elles, et enfin celles qui ne veulent pas vivre entièrement tournées, jour et nuit, vers leur bébé.

Celles-là ont peut-être besoin d'une respiration.

Celles-là ne peuvent peut-être pas continuer à nourrir à la demande, vingt-quatre heures sur vingt-quatre.

À toutes ces femmes, je propose un petit arrangement. Vous pouvez, sans avoir peur de traumatiser votre enfant, essayer de lui faire adopter un rythme de vie un tout petit peu plus régulier (voir le chapitre suivant).

Un beau jour, lorsque votre bébé aura quatre, cinq ou six semaines, vous allez décider de le nourrir toutes les trois heures minimum et quatre heures maximum. S'il pleure avant les trois heures, vous le prendrez dans vos bras, vous lui ferez faire une petite promenade, vous le bercerez, vous lui parlerez, vous lui chanterez une chanson. Et s'il dort plus de quatre heures, vous le réveillerez. Il rentrera ce jour-là dans sa vie sociale. Il apprendra à vivre avec les autres.

Pourquoi ne faut-il pas culpabiliser de vouloir donner un cadre à son enfant ?

• Parce que, contrairement à ce que l'on pense, l'apprentissage est une donnée essentielle de la vie animale

Lorsque la puéricultrice Colette, dont j'ai parlé au début de ce livre, était petite, elle habitait à la campagne. Elle observait les animaux. Elle avait remarqué que l'agneau, par exemple, ne boit pas à la demande. Parfois, la brebis le repousse si elle considère que ce n'est pas le moment. Ainsi, elle incite son petit à manger de l'herbe s'il a faim, donc elle l'aide à grandir et à ne pas dépendre uniquement de ses mamelles. Elle doit le rendre autonome le plus rapidement possible. Elle n'est pas à sa disposition et se montre même parfois un peu dure, parce qu'il est très important de l'éduquer. C'est une question de survie. Très vite, le petit est en apprentissage. Il est faux de croire que les petits des animaux font ce qu'ils veulent, quand ils veulent. Le retour « écolo » à la nature, à l'animalité, constitue un faux raisonnement. Dans le monde animal, la lutte pour la vie commence très tôt.

Dans son livre *Le Couple et l'Enfant*, Aldo Naouri décrit fort bien la vie du petit gnou, ce bovidé sauvage d'Afrique : « Dès que le nouveau-né a chu, il se dresse sur ses jambes et se laisse guider par l'odeur… de la mamelle de sa mère. Elle le laisse approcher, mais à peine est-il près d'elle qu'elle s'éloigne aussitôt d'un petit pas puis d'un autre… À chaque fois qu'il croit être parvenu à l'atteindre, elle accélère sensiblement son mouvement, le contraignant au début à la rejoindre puis un peu plus tard à la poursuivre. En à peine quelques minutes, elle finit par l'obliger à lui courir après, n'arrêtant leur course commune pour le laisser téter que lorsqu'elle jugera qu'il a acquis la vélocité nécessaire pour semer n'importe quel agresseur. »

Les bébés aussi doivent apprendre, très progressivement, à attendre leur lait quelques minutes, à entrer dans un cadre qui correspond à la vie de leurs parents, à s'installer dans une routine qui, loin de les traumatiser, va les « sécuriser ». Bien sûr, cette idée d'apprentissage n'était pas très à la mode ces vingt dernières années. Il me semble qu'aujourd'hui elle est davantage dans l'air du temps.

• Parce que le vrai message de Françoise Dolto est : parole et fermeté

Oui, Dolto a dit et écrit qu'il fallait écouter les enfants. Malheureusement, son message a été fort mal compris. On a cru qu'il fallait les laisser tout faire. L'avènement de l'enfant roi nous vient des États-Unis, pas de Dolto.

Comme l'explique extrêmement bien Claude Halmos dans son livre *Grandir* : « L'éducation prônée par Françoise Dolto ne brise pas l'enfant, elle l'aide à se civiliser. Elle ne passe pas par la force mais par la fermeté et la parole. Elle permet donc d'articuler autorité et respect de l'enfant et constitue de ce fait une avancée majeure. »

• Parce que le sommeil est aussi important que l'alimentation

Si l'enfant est nourri à heures régulières, il va dormir davantage. J'ai été très intéressée de constater le changement de comportement de mes jumeaux entre la maternité et la maison. À l'hôpital, ils pleuraient beaucoup. À la maison, en quelques jours, ils ont trouvé un rythme, une petite routine. Ils pleuraient un peu après les biberons parce qu'ils avaient des problèmes de digestion mais ils dormaient beaucoup dans la journée. Ils sont passés d'eux-mêmes à cinq repas à la fin du premier mois, alors qu'ils avaient un petit gabarit (2,1 et 2,2 kg à la naissance et 3,5 kg à vingt jours). Car ils bénéficiaient de longues plages de sommeil : ils avaient d'autant plus faim au moment des repas.

• **Parce que la routine, cela donne des repères**
Rien ne peut rendre un bébé plus heureux qu'une bonne routine. Cela le rassure. S'il pouvait dormir toujours dans le même lit, boire régulièrement, ne pas voyager, se promener dans le même jardin, tous les jours à la même heure, il serait comblé.
Évidemment, de nos jours, c'est difficilement réalisable. D'ailleurs, certains bébés sont trimbalés partout chez les copains, en week-end, en voiture, dans le porte-bébé ou l'écharpe, et donnent l'impression de très bien s'en accommoder. Certains, mais pas tous.

Un bébé nourri à heures régulières ne risque-t-il pas de boire de trop grosses quantités ?

Le bébé sait exactement ce dont il a besoin. S'il a trop bu, il recrache immédiatement le trop-plein. S'il n'en veut plus, il repousse la tétine, tourne la tête, ferme la bouche et serre les mâchoires. Bref, il est tout à fait capable de refuser de poursuivre son biberon. De toute façon, il prend ce qu'il veut. D'ailleurs, si vous allaitez, vous n'aurez pas cette crainte puisque vous ne saurez pas ce qu'il a bu.

De toute façon, si bébé ne supporte pas les gros bibe-rons, il ne les prendra pas : certains enfants restent assez longtemps à six ou sept repas par jour, tout simplement parce qu'ils ne peuvent pas avaler de grosses quantités de lait. On ne force pas un nouveau-né. On lui propose et il dispose. Encore faut-il lui proposer un peu plus (30 g) que sa ration habituelle.

Comment nourrir le bébé de façon plus régulière sans le traumatiser ?

– Le jour où vous déciderez d'installer la petite routine, réveillez votre bébé s'il dort toujours quatre heures après son dernier biberon ou sa dernière tétée.
En effet, lorsqu'un bébé a entre un mois et un mois et demi, surtout si c'est un gros nourrisson de 5 ou 6 kg, il est capable de dormir cinq, six, sept ou même huit heures d'affilée. Ce qu'il fait le plus souvent dans la journée (soit le matin, soit en début d'après-midi). L'idée est la suivante : si vous le nourrissez toutes les quatre heures dans la jour-née, il va dormir ses cinq ou six heures pendant la nuit. Et, en quatre ou cinq jours, le rythme sera installé. Certains le font d'ailleurs spontanément. Ce sont les bébés dont la mère vous dit : « Il a fait ses nuits à un mois. »
Cela vous paraît peut-être un peu barbare, de réveiller un bébé. Mais, en général, il se réveille spontanément toutes les trois ou quatre heures. Peut-être que vous n'aurez à le faire qu'une seule fois dans la journée. Et ça ne durera que deux ou trois jours. Après, il aura trouvé son rythme.
– **Essayez donc de nourrir bébé toutes les trois heures minimum et quatre heures maximum pendant la jour-née. De ce fait, naturellement, il fera très rapidement une petite nuit de cinq, six ou sept heures car il ne l'aura pas**

faite le jour. Il pourra dormir de 23 heures à 4 heures. Certains bons dormeurs « tiendront » même assez rapidement de 22 heures à 4 heures ou même de 22 heures à 5 heures ou 6 heures du matin. Il n'y a pas de règles. Il n'y a, bien sûr, que des cas particuliers.

Et ainsi, entre cinq et sept semaines, certains enfants peuvent prendre le dernier biberon vers 21 ou 22 heures et le premier le matin vers 5 ou 6 heures. Certains « tiennent » même jusqu'à 7 ou 8 heures. Je vous expliquerai en détail la marche à suivre dans le chapitre suivant.

Personnellement, je suis toujours très étonnée d'entendre des parents dire qu'ils continuent à donner un biberon au milieu de la nuit, alors que leur bébé a six mois ou même un an, car je n'ai jamais connu cela avec mes cinq enfants.

Peut-on imposer des horaires à un enfant prématuré ?

Absolument pas. Cette méthode ne concerne que des enfants nés à terme ou deux ou trois semaines avant le terme, dont le poids à la naissance est normal (entre 2,5 et 4 kg). Si votre enfant est né avec plus de trois semaines d'avance, il est considéré comme prématuré léger. S'il est né avec plus de quatre semaines d'avance, c'est un prématuré. Il serait dangereux de ne pas nourrir un prématuré à la demande. C'est votre pédiatre qui vous dira comment diminuer le nombre de repas quotidiens.

En conclusion, ce que j'essaie de dire dans ce chapitre, c'est qu'il existe, pour celles qui veulent vivre autrement qu'en nourrissant à la demande, une méthode qui vaut la peine d'être essayée. Les mères qui retournent travailler deux mois après l'accouchement ont droit à leur repos ! De plus, mieux vaut pour l'enfant une mère détendue qu'une mère rendue nerveuse par le manque de sommeil. Il me paraît très difficile de mener une vie en osmose totale avec son bébé pendant deux ou trois mois, avec le déficit de sommeil que cela entraîne, quand on a un ou deux autres enfants et qu'on doit retravailler au bout de deux ou trois mois. Enfin, n'oubliez pas qu'un bébé qui dort la nuit d'une traite est un bébé apaisé...

À savoir

Un dernier point qui vous empêchera de culpabiliser si vous n'arrivez pas à donner des horaires réguliers à votre bébé : des spécialistes du développement de l'enfant ont prouvé qu'un nourrisson sur dix est « difficile ».

Soit il met des heures à boire son lait, soit il ronchonne tout le temps car il a mal au ventre (coliques du nourrisson) ou à l'œsophage (reflux gastro-œsophagien), soit il réclame sa tétée très irrégulièrement, soit il dort peu et pleure souvent...

Ces enfants-là, il faut les rassurer car ils n'ont pas encore trouvé les moyens de se réguler, de se calmer tout seuls. Ceux-là auront sans doute besoin d'une tétine. Ils se cherchent.

Si vous retrouvez votre bébé dans cette description, ne vous remettez pas en cause. Ce n'est pas vous qui vous y prenez mal, c'est lui qui a du mal à trouver sa place en ce bas monde. Vous n'arriverez pas à instaurer tout de suite des horaires réguliers. Vous devrez sans doute attendre un peu pour la petite nuit. Ce n'est pas grave. Essayez et, si vous n'y arrivez pas, tentez l'expérience une semaine ou dix jours plus tard, quand il sera un peu plus habitué à sa vie...

7

COMMENT FAIRE DORMIR BÉBÉ
UNE PETITE NUIT ?

Votre bébé est âgé de quatre ou cinq semaines. Si son poids est normal, il est désormais capable de rester sans boire pendant cinq ou six heures d'affilée (vous l'avez déjà constaté dans la journée). Il peut donc dormir assez longtemps pendant la nuit. Soit de 22 heures à 3 heures du matin, soit de 22 heures à 4 heures, soit de 23 heures à 5 heures. Peut-être suivra-t-il ces horaires de lui-même ! Car il y vient naturellement. Il suffit de l'aider un petit peu.

Que dois-je faire s'il pleure à 2 heures du matin ?

C'est le moment crucial. Il faut le laisser pleurer un petit peu. Mais, rassurez-vous, votre bébé ne pleurera sans doute pas très longtemps. Et il se rendormira. Prenez votre montre et attendez cinq à dix minutes. Pas plus. D'ailleurs, vous ne pourrez pas tenir plus longtemps. C'est déjà très dur de laisser un bébé pleurer plus de cinq minutes. C'est presque insupportable.
Mais je peux vous dire que, si vous tenez bon ces trois prochaines nuits, c'est gagné. Votre enfant ne se réveillera plus (sauf dans des circonstances exception-

nelles : poussées dentaires, maladie, changement de lit, d'environnement...). Car il en aura perdu l'habitude. En revanche, si vous commencez à lui donner régulièrement un biberon ou une tétée au milieu de la nuit, vers 2 ou 3 heures du matin, vous continuerez peut-être pendant des semaines, voire des mois ou des années. Le pli sera pris...

Il est étonnant de constater qu'en deux ou trois jours un bébé peut prendre l'habitude de dormir cinq ou six heures et, assez rapidement, sept ou huit heures d'affilée la nuit.

Comment « tenir » s'il pleure ?

Dites-vous qu'**il n'a pas faim**. Il a bu pendant la journée ce qui lui était nécessaire. Il ne pleure sûrement pas parce qu'il a faim mais parce que, à cet âge-là, un bébé ne peut pas rester éveillé très longtemps sans pleurer. Après cinq minutes d'éveil, soit il va pleurer, soit il va se rendormir. Et s'il pleure, cela ne va peut-être durer que cinq à dix minutes.

Il est vrai que si vous nourrissez l'enfant au biberon, vous savez exactement la quantité qu'il a bue dans la journée. S'il a avalé tous ses biberons toutes les quatre heures, il est certain qu'il n'a pas faim la nuit. En revanche, si vous allaitez, vous allez vous poser la question : « Peut-être qu'il n'a pas pris sa ration pendant la journée et qu'il a faim ? »

N'oubliez pas que bébé a, en principe, cinq ou six tétées par jour et que, s'il n'a pas beaucoup bu à l'une, il s'est rattrapé à l'autre. En cinq tétées, il a eu sans doute sa dose.

Pour « tenir », il faut se persuader que :
– **Bébé doit apprendre à dormir une petite nuit. C'est bon pour son équilibre.** Je le répète : le sommeil est aussi important que la nourriture.
– S'il ne fait pas sa nuit pendant la nuit, **il la fera le jour.**
– Si vous lui donnez un biberon ou une tétée tout de suite, **il prendra peut-être 30 g et s'endormira.**
– N'oubliez pas qu'**il y a une chance sur deux pour qu'il se rendorme au bout de dix minutes.**

Petite histoire : mon amie Claire avait vingt-huit ans lorsqu'elle a eu son premier enfant. Une petite fille sage comme une image qu'elle trimbalait partout, en week-end ou chez des copains. Jamais un problème. Je l'entends encore me raconter : «Tu sais, dès mon retour de la maternité, Patrick a été formel. Il m'a dit : "Entre les tétées, si elle pleure, on ne bouge pas pendant dix minutes. Après, on va la chercher." Pour moi, c'était terrible, les premières fois. Je trouvais ça inhumain. Ça me paraissait si long ! Mais je peux te dire que jamais nous n'avons été la prendre car elle s'est toujours arrêtée de pleurer au bout de dix minutes. Sauf le soir, entre 18 heures et 21 heures : là, elle pleurait plus longtemps. »

Donc, comme je vous le disais, essayez de tenir.

Si vous allez dans sa chambre, ne prenez pas votre bébé dans vos bras car il se réveillerait pour de bon. N'allumez pas la lumière. La nuit, cinq minutes, ça paraît très long. Au bout de cinq minutes, je le sais, votre cœur va commencer à se briser. Dans ce cas, allez près de son berceau et caressez-lui la tête. Parlez-lui doucement et rassurez-le. Dites-lui : « Tu es un grand garçon (ou une grande fille), tu fais comme papa et maman, tu dors. » C'est très difficile de supporter des pleurs la nuit plus de cinq minutes. Je l'ai vécu. Je sais de quoi je parle. Donc j'ai toutes les indulgences.

Que faire s'il pleure plus de dix minutes ?

On ne laisse pas pleurer un bébé de cet âge-là plus de cinq à dix minutes. Vous essayerez d'instaurer la « petite nuit » le lendemain. Vous n'êtes pas à un jour près. **Au bout de dix minutes de pleurs, nourrissez-le.**
Je ne peux m'empêcher de vous raconter l'histoire de Neila. À vingt-trois ans, Neila a eu une petite fille adorable, d'un poids normal. À la maternité, elle m'a dit : « Ma fille va s'adapter à ma vie, ce n'est pas moi qui vais m'adapter à la sienne. » Ah, bon ? me suis-je dit. Neila est peintre : c'est une artiste, ai-je pensé. Une rêveuse. Pas une terrienne… J'ai revu Neila huit mois plus tard, fin 2011. Elle m'a alors raconté : « Je ne me suis jamais levée la nuit pour nourrir ma fille. Si elle pleurait, je la laissais se rendormir. Parfois elle pleurait pendant une demi-heure. Elle dormait dans une petite chambre à l'autre bout de mon atelier. Je l'entendais à peine. Et j'attendais. Mais ça n'a pas duré longtemps, elle a compris très vite. Depuis qu'elle a deux mois, elle dort de 9 heures du soir à 8 heures du matin. » J'étais très étonnée par l'aplomb de Neila, par son absence de doutes, de culpabilité. Et assez admirative, je dois le dire. Je me suis dit : « Voilà quelqu'un qui a bien vécu le problème du sommeil de son bébé. » La petite a aujourd'hui un an et demi. Elle ne pleure jamais. Elle ne geint pas pour demander les choses. Elle va les chercher elle-même. Elle n'utilise pas les pleurs comme moyen de communication. Elle est autonome. Fascinant.

Et s'il ne dort pas cinq heures d'affilée, ni la première ni la deuxième partie de la nuit ?

Ne vous en faites surtout pas. Ça n'a pas d'importance. Vous avez essayé. Si ça n'a pas marché la première fois, votre bébé commencera sa petite nuit le lendemain ou le surlendemain. Ce qu'il faut, c'est ne pas renoncer en se disant que c'est inhumain. Il faut recommencer. On remonte sur son cheval, quand on est tombé...

Dorénavant, **que votre bébé ait fait ou non une première petite nuit, vous allez lui donner à boire à heures non pas fixes, mais régulières, pour qu'il ne dorme pas cinq heures d'affilée dans la journée.**

Vous allez donc le réveiller au bout de quatre heures s'il ne se réveille pas spontanément. Vous serez sans doute obligée de le réveiller vers 14 heures, rarement vers 18 heures car, en fin de journée, il aime faire la fête !

S'il pleure après son biberon de 18 heures, puis-je lui en donner un autre vers 20 heures ?

Ce serait mieux de ne pas le faire... Bébé dort rarement entre 18 et 21 heures. C'est donc le moment où on peut le bercer, le mettre dans un porte-bébé ou une écharpe pour préparer le dîner avec lui, sortir se promener, le montrer à ses frères et sœurs, lui donner un bain... Tous les moyens sont bons pour l'apaiser. Parfois, il va même pleurer dans vos bras. C'est le signe qu'il n'y a pas grand-chose à faire pour le consoler. Il n'a pas faim puisqu'il vient de prendre son biberon. Il faut être patiente. Il est énervé. Les bébés pleurent souvent au crépuscule. C'est bien connu. Alternez les moments où il pleure dans son lit et les moments où il se calme dans vos bras. Mais, surtout, essayez de ne pas lui donner à boire avant 20 h 30/21 heures. Éventuellement, vous pouvez lui donner une tétine, à cette heure-là (voir chapitre 8). Et si vraiment cela vous « fend le cœur » de le voir aussi malheureux... donnez-lui à boire...

Que faire s'il s'endort vers 21 heures ?

S'il s'endort à 21 heures sans avoir bu depuis 18 h 30, il va se réveiller assez vite. Donc, pas de problème : vous lui donnerez à boire à 22 heures ou 22 h 30. C'est parfait. Mais si vous lui avez donné à boire à 20 heures, il va se réveiller à minuit, 1 heure ou 2 heures du matin. Donc c'est raté pour la petite nuit. Pas grave : vous commencerez demain.

Et s'il s'endort sur son biberon de 23 heures alors qu'il n'a ingéré que 30 g ?

Il peut très bien dormir quatre heures avec seulement 30 g dans le ventre. Il se rattrapera sans doute au prochain biberon.
Les femmes qui allaitent ne savent pas combien de grammes leur bébé prend. Et c'est bien ainsi. Très souvent, le bébé nourri au sein est tellement bien, au chaud contre sa mère, qu'il s'endort très peu de temps après que la tétée a commencé. Il prend plus à certaines tétées qu'à d'autres.

Mon conseil

Au début, vous « cafouillerez ». Vous n'oserez pas laisser votre enfant pleurer. Ce n'est pas grave. Essayez le lendemain et, si ça ne marche pas, réessayez le surlendemain. Mais si vous voulez vraiment essayer la méthode que je vous propose, il faut que le bébé commence à dormir sa petite nuit de cinq heures entre le trentième et le quarante-cinquième jour.

Y a-t-il un emploi du temps idéal ?

Non, bien sûr. Chaque enfant a son rythme. Je ne fais que vous donner des indications. Vous pouvez vous inspirer des horaires ci-dessous mais vous n'arriverez jamais à les appliquer à la lettre. Vous pourrez vous en rapprocher. Il n'y a aucun problème si vous avez une demi-heure d'avance ou une heure de retard par rapport à l'emploi du temps que je vous propose. **L'important est de donner la dernière tétée entre 21 h 00 et 23 heures, et la première du matin entre 4 et 6 heures, et d'essayer de ne rien donner vers minuit ou 1 heure du matin.** Et, surtout, pas de panique si, après être passé à cinq repas, un jour bébé en réclame six. Au début, il faut être souple, ne pas stresser, s'adapter à l'enfant et savoir que… il va finir par dormir la nuit.

Voici les horaires des biberons ou des tétées vers lesquels vous allez arriver assez naturellement.

– Si vous êtes à six repas par jour : 4 heures, 8 heures, midi, 16 heures, 19 heures, 23 heures.

– Si vous êtes à cinq repas par jour : 4 heures, 9 heures, 14 heures, 18 heures, 22 heures.

Un petit truc de la puéricultrice Colette : si vous n'avez pas réussi à bien tenir l'horaire et que vous êtes obligée de donner un biberon vers 20 heures (si vous en êtes à six repas) ou 19 heures (si vous en êtes à cinq repas), allégez le biberon en mettant deux mesures et demie de lait pour 90 g au lieu de trois mesures. Ça va satisfaire le besoin de succion du bébé et le nourrir sans trop lui tenir au corps. Si vous allaitez, donnez-lui une petite tétée rapide. Il aura faim vers 22 heures ou 22 h 30, croyez-moi.

En revanche, à 22 heures, proposez un gros biberon car votre bébé aura faim. Et surtout, ne faites pas le contraire : n'enrichissez pas le biberon en mettant une mesurette de lait supplémentaire. C'est très mauvais. Autant on peut légèrement diluer un biberon, autant il ne faut jamais augmenter la concentration de lait en poudre au-delà de la dose recommandée.

D'ailleurs, il est reconnu que le lait maternel est plus riche le matin qu'en fin d'après-midi. Et le lait de vache est plus nourrissant le matin que le soir. Les agriculteurs le savent bien car ils mélangent toujours la traite du matin à celle du soir, m'a raconté Colette. « Donc mon petit système est somme toute assez naturel », ajoutait-elle.

8

COMBIEN DE REPAS DOIS-JE DONNER À BÉBÉ : CINQ, SIX OU SEPT ?

Bébé a maintenant entre un mois et un mois et demi. S'il pèse plus de 5 kg, il a dû passer assez naturellement de sept à six repas, voire cinq, parfois quatre. De nombreux pédiatres disent qu'il ne faut pas obliger un enfant à diminuer le nombre de ses repas. Bien sûr, qu'il ne faut pas l'obliger ! En revanche, il faut le lui proposer. Car, rappelons-le, il vaut mieux que bébé boive moins souvent des quantités plus importantes. Pourquoi ? Parce que la digestion est un moment un peu douloureux pour les nouveau-nés. S'il y a moins de biberons, les moments où il digère seront moins fréquents.

Tout d'abord, **proposez-lui, comme nous l'avons expliqué plus haut, un peu plus que la quantité de lait recommandée.** Que se passe-t-il s'il prend 120 g au lieu de 90 g ? Il dort un peu plus longtemps. Résultat : sur une journée, de lui-même, bébé laisse un intervalle de trois heures et demie ou de quatre heures entre certains biberons.

S'il ingère 120 g ou 150 g, c'est que son estomac peut le supporter. La pédiatre de mes enfants, Jacqueline Fourestié, me disait qu'il lui arrivait de voir des bébés qui ne pouvaient pas boire beaucoup à la fois. Ils calaient. Ceux-là ne passent pas vite à cinq repas. On ne force pas un bébé.

Très naturellement, mes enfants sont tous passés très vite à cinq repas par jour. Pourquoi ? Faites le calcul : lorsque bébé commence à faire ses petites nuits de cinq heures, il reste donc 24 – 5 = 19 heures pour le nourrir. Dès lors que vous maintenez un intervalle de quatre heures entre les biberons ou les tétées, vous allez en donner 5 × 4 heures en 20 heures. Ainsi, en deux jours, vous passerez à cinq repas. C'est la petite nuit qui provoque ce passage à cinq repas. Ce n'est pas vous qui l'imposez.

Colette m'a avoué un jour qu'elle passait souvent directement de sept à cinq repas au bout de quinze jours ou trois semaines. Parce que, dit-elle, lorsque les nouveau-nés arrivent de la maternité, ils sont fatigués. Là-bas, il y avait du bruit dans la nursery et beaucoup de visites dans la chambre. Lorsqu'ils se trouvent à la maison, ils ont besoin de dormir. D'eux-mêmes, ils laissent un écart de quatre heures entre certains biberons.

Et vous verrez que cet écart va continuer de grandir chaque nuit. Lorsque bébé a un mois, il « tient » généralement jusqu'à 3 h 30 ou 4 heures. Une nuit, il dormira peut-être jusqu'à 5 heures. Vous croirez que c'est gagné. Et puis, la nuit suivante, il se réveillera à 4 heures. Disons qu'entre un mois et un mois et demi, les réveils vont s'échelonner entre 4 et 6 heures du matin.

Dois-je essayer de retarder le plus possible le biberon du soir ?

Certains parents pensent que, s'ils donnent un biberon ou une tétée tard le soir, le bébé se réveillera plus tard le matin. Mon expérience me prouve qu'il n'en est rien. C'est très curieux. Que vous donniez à boire à votre nourrisson à 21 h 30 ou à 23 h 30, l'heure du réveil sera sensiblement la même. Alors, autant ne pas veiller inutilement. Vous êtes fatigués, vous aussi, et vous avez besoin de dormir. **Ne retardez pas coûte que coûte le dernier biberon ou la dernière tétée. C'est inutile.**

Il me semble que les bébés ont un rythme biologique proche du cycle solaire. À un mois ou un mois et demi, ils font parfois des nuits de sept heures (22 heures-5 heures ou 23 heures-6 heures) et, en quelques jours, certains dorment jusqu'à 7 ou 8 heures le matin.

On croit souvent que le fait de donner à boire à l'enfant à minuit correspond mieux au rythme de vie des parents. Attention : une tétée donnée à minuit signifie que la mère ne s'endort pas avant 1 heure du matin, et c'est très fatigant. Pour l'enfant, je pense qu'il est meilleur de lui apprendre à se coucher tôt. Comme le font les Anglais, qui mettent leurs enfants au lit à 19 heures jusqu'à ce qu'ils aient dix ans !

Vers trois mois, bébé devrait se coucher vers 20 heures et dormir jusqu'à 7 ou 8 heures du matin. Sans se réveiller au milieu de la nuit. Ce rythme est excellent pour lui. On ne dira jamais assez l'importance du sommeil pour un petit enfant.

S'il pleure vers 2 heures du matin, dois-je lui donner à boire de l'eau ?

Non. S'il pleure à 2 heures du matin, allez le voir. Vérifiez qu'il n'a pas trop chaud ou trop froid (c'est rare). Changez-le si vous sentez que sa couche est sale, mais n'allumez pas la lumière, ne lui parlez pas, ne lui faites pas de sourires, ne le gardez pas trop longtemps dans vos bras. Essayez de le maintenir dans un demi-sommeil et remettez-le dans son lit. S'il pleure, caressez-lui la tête, le dos. Il peut pleurer un petit peu, cinq minutes peut-être, mais vous entendrez les pleurs s'espacer, puis diminuer en intensité et soudain s'arrêter.

Encore une fois, essayez de tenir bon. Son équilibre et le vôtre seront meilleurs si votre enfant fait des nuits de cinq, puis de six heures d'une traite. Il est intelligent. Il comprendra très vite qu'il n'y a pas de biberon vers 2 ou 3 heures du matin.

9

COMMENT PASSER
À QUATRE REPAS ?

Aujourd'hui, de nombreux pédiatres recommandent de nourrir bébé à la demande, donc d'attendre qu'il passe de lui-même de six à cinq puis à quatre repas par jour. Les bébés mettent plus ou moins de temps à y parvenir. Le pédiatre Philippe Grandsenne parle du cap des cent jours. Donc, autour de trois mois, l'enfant devrait dormir la nuit de 21 heures à 7 heures et prendre quatre repas par jour.

Si vous avez introduit le principe de la petite nuit de six ou sept heures lorsque bébé avait entre un mois et un mois et demi, il est passé à cinq repas assez naturellement. Vous constatez alors que, vers un mois et demi ou deux mois, il dort parfois le matin jusqu'à 6 h 30, voire 7 heures. Ce jour-là, si vous le recouchez après son biberon vers 7 h 30 et si vous aussi vous vous recouchez, vous risquez de ne l'entendre que vers 9 h 30-10 heures, ou même 10 h 30. Vous lui donnerez tranquillement son bain, puis son « déjeuner » vers 11 heures. Le goûter aura lieu par exemple vers 16 heures.

Il redormira sans doute un peu, puis se réveillera comme tous les bébés en fin de journée. Pour la première fois, vous serez confrontée à ce dilemme : dois-je lui donner son biberon vers 18 ou 19 heures ? Dans ce cas, le cinquième repas aura lieu vers 23 heures ou minuit...

Mon conseil

C'est ce jour-là que vous avez l'opportunité de faire passer bébé à quatre repas. Au lieu de le nourrir vers 19 heures, donnez-lui un bain pour l'occuper ou prenez-le dans vos bras et promenez-le dans l'appartement jusqu'à 20 heures ou même 20 h 30, si vous y arrivez. À cette heure-là, il a plus besoin de compagnie que de lait. Donnez-lui ensuite son biberon ou sa tétée. Bien sûr, c'est un peu plus tôt que d'habitude, puisque le dernier repas avait lieu jusqu'à présent entre 21 h 30 et 22 heures. Mais vous allez être étonnée de constater que bébé peut très bien dormir toute la nuit en ayant pris son dernier biberon ou sa dernière tétée vers 20 h 30. Il se réveillera peut-être à 5 h 30 ou 6 heures, mais pas nécessairement plus tôt. Nous en avons déjà parlé : tout comme ce n'est pas parce qu'on repousse le dernier biberon tard le soir que bébé se réveillera beaucoup plus tard le matin, ce n'est pas parce qu'on donne le biberon plus tôt le soir qu'il se réveillera beaucoup plus tôt le matin.

Disons qu'entre un mois et demi et deux mois, s'il a un poids normal, l'enfant peut parfois faire des nuits de neuf ou dix heures. Un jour, ce sera 20 heures-6 heures, un autre 21 heures-7 heures. Certains gros bébés peuvent même dormir douze heures, à cet âge-là.

Quelle est la solution si je n'arrive pas à le faire patienter une heure et demie ?

Si votre bébé pleure beaucoup lors de la première expérience, n'insistez pas. Vous essayerez de passer à quatre repas le lendemain, ou un jour où la tétée du goûter sera plus proche de 17 heures que de 16 heures.

À partir du moment où vous aurez commencé à donner quatre tétées ou biberons quotidiens, vous vous adapterez au rythme de l'enfant. Peut-être voudra-t-il son « déjeuner » vers 11 heures ou 11 h 30. Peut-être même le réclamera-t-il vers 10 h 30. Donnez-le-lui. Vous verrez que les bébés de cet âge font souvent la sieste de midi à 16 ou 17 heures. Même s'ils ont bu à 10 h 30 ou 11 heures le matin. C'est très impressionnant.

S'il a bu à 6 heures, 10 h 30 et 14 heures, comment va se passer la fin de la journée ?

Premier cas : après que vous lui avez donné à boire à 14 heures, il se peut qu'il se rendorme jusqu'à 18 heures. Dans ces conditions, vous ne pouvez pas le faire patienter jusqu'à 20 h 30. Donnez-lui alors une tétée ou un petit biberon à 18 heures. Et vous donnerez le cinquième biberon vers 22 heures. Parfois, l'enfant ne passe pas à quatre repas quotidiens d'un seul coup. Il y a une période d'adaptation d'une ou deux semaines. Un jour, il est à quatre repas. Le lendemain, il revient à cinq…

Deuxième cas : vous le recouchez vers 15 h 30 et il dort jusqu'à 19 h 30. Vous donnerez alors le quatrième repas vers 20 heures.

Mes trois premiers enfants étaient à quatre repas par jour à deux mois. Paul, qui était particulièrement costaud (4,2 kg à la naissance, trois semaines avant terme !), est passé à quatre repas à un mois et douze jours, sans jamais revenir à cinq repas. Les jumeaux, qui étaient tout petits (2,1 et 2,2 kg à la naissance), ont commencé à prendre quatre repas à un mois et vingt-deux jours. Mais cela s'est fait naturellement, car ils dormaient énormément. Et puis ils sont revenus à cinq repas. Je me suis adaptée à leur rythme. C'était un peu le yo-yo. Les quatre repas ne se sont installés pour de bon qu'à trois mois.

Je n'ai jamais eu l'impression de les forcer ni d'imposer quoi que ce soit. Lorsqu'ils prenaient un bon gros biberon, ils pouvaient dormir cinq heures d'affilée. Cela me paraissait très bon et très sain qu'ils dorment si longtemps et si profondément.

10

FAUT-IL STÉRILISER
LES BIBERONS ?

J'ai pensé à supprimer ce chapitre, tant il me paraît aujourd'hui obsolète. Mais je voulais vous raconter une anecdote.

Le jour où Sabine, ma cousine germaine, m'a annoncé : « Tu sais, je n'ai jamais stérilisé les biberons de Benoît. Au quatrième enfant, tu ne fais plus ce genre de choses », j'ai été légèrement ébranlée. Nous étions en 1983. Cela m'avait paru très audacieux. J'avais toujours stérilisé les biberons, d'abord dans des stérilisateurs que j'avais laissé brûler un certain nombre de fois, puis avec le stérilisateur électrique – comble de la modernité – qui chauffait en huit minutes.

En janvier 1995, à la naissance des jumeaux, les pédiatres de l'hôpital Saint-Vincent-de-Paul m'ont annoncé : « À propos, ne vous compliquez pas la vie à votre retour à la maison, ne stérilisez pas les biberons, cela ne se fait plus. » J'ai été interloquée mais j'ai aussitôt pensé à ma chère Sabine. Elle était donc très « avant-garde ».

En 1995, Edwige Antier disait encore qu'il fallait stériliser les biberons jusqu'à ce que le bébé ait six mois, Cohen-Solal le préconisait jusqu'à six ou sept mois, Laurence Pernoud jusqu'à ce que l'enfant mange à la cuillère.

Seul Aldo Naouri, à cette époque, expliquait déjà haut et fort pourquoi il était inutile de stériliser les biberons : « On peut réellement et définitivement ranger au musée des traditions obsolètes les stérilisateurs de toutes sortes. Il suffit donc en principe de laver après usage le biberon utilisé avec un liquide vaisselle, de veiller à en ôter toute trace de lait en le secouant énergiquement et de le rincer à l'eau chaude puis à l'eau froide. Quand on a cherché par le passé à éradiquer les épidémies effroyables de diarrhée infantile, il a été nécessaire de porter à l'hygiène alimentaire le maximum d'attention. On reste esclaves d'habitudes qui n'ont plus aucun sens. »

Aujourd'hui, le pédiatre Philippe Gransenne, dans *Bébé, dis-moi qui tu es*, est formel : « De nos jours, la stérilisation ne s'impose absolument pas. » Et, dans la dernière édition du livre de Laurence Pernoud (2012), il est dit très clairement : **« Les dernières recommandations du ministère de la Santé disent qu'il n'est plus nécessaire de stériliser les biberons. Mais qu'ils doivent être préparés au dernier moment. »**

On lit aussi : « Il est bien sûr possible de faire les biberons à l'eau minérale mais l'eau du robinet convient également car elle est bien surveillée sur le plan bactériologique et chimique. »

C'est ce que préconisait déjà Aldo Naouri dans les années 1990.

Mon conseil

Ne stérilisez pas les biberons, c'est inutile. En revanche, lavez-les immédiatement après les avoir donnés, à l'eau très chaude, avec un goupillon et du savon liquide. Et si vous n'avez pas la possibilité de vous en occuper sur le moment, mettez-les plus tard dans le lave-vaisselle. Vous serez sûre qu'ils sont parfaitement bien lavés.

11

QUE FAUT-IL PENSER
DE LA TÉTINE ?

Ah, la tétine !

C'est comme l'affaire Dreyfus ou la mondialisation ! Cela crée des discussions enflammées dans les familles.

Il est très tentant de donner une tétine à un bébé qui pleure beaucoup. L'enfant est immédiatement apaisé et semble plus heureux. Quant aux parents, cela les soulage. L'atmosphère de la maison devient plus agréable. Alors, pourquoi la refuser ?

Personnellement, je n'ai jamais donné de tétine. Ça ne se faisait pas tellement, à mon époque. Mais il faut bien avouer qu'aujourd'hui la tétine est très à la mode. Dans l'édition 2012 du livre de Laurence Pernoud, *J'élève mon enfant*, on peut lire : « On en voit partout : dans la rue, dans les jardins, dans les trains. »

Je préfère vous prévenir d'emblée que je suis plutôt contre la tétine : je vous expliquerai pourquoi un peu plus loin. Mais j'admets qu'elle peut apporter un peu de bien-être au bébé – surtout les deux premiers mois de sa vie, s'il a un fort besoin de succion ou s'il est sujet aux coliques ou à un reflux acide, deux phénomènes très douloureux. La tétine est aussi bien utile le soir, lorsqu'il faut préparer le dîner, donner le bain aux aînés et que votre bébé hurle ! Mais encore faut-il bien « gérer » cette pratique.

Pourquoi suis-je plutôt contre la tétine ?

Elle masque les vrais problèmes

Lorsque l'enfant pleure, sa mère est tentée de lui mettre la tétine dans la bouche, sans savoir si c'est bien cela qu'il réclame. Peut-être attend-il autre chose ? Il peut pleurer de fatigue (il cherche le sommeil), de faim (certains bébés sont très gloutons) ou de douleur (mieux vaut alors donner des antalgiques). Il peut avoir envie d'un câlin, d'un contact charnel, d'un bercement qui va l'apaiser. Il vaut mieux, me semble-t-il, chercher à connaître son enfant, à l'écouter et à savoir pourquoi il pleure, plutôt que de le museler, de le « verrouiller » comme dit Laurence Pernoud. Ou de lui « clouer le bec » comme dit Chantal de Truchis.

Elle empêche la communication

Si le bébé pleure, c'est qu'il a quelque chose à dire. Il faut avant toute chose le regarder, l'écouter et essayer de le comprendre. Prenez le bébé avec vous, dans les bras, ou dans un porte-bébé si vous avez besoin de vos bras pour faire autre chose. Regardez-le, parlez-lui, racontez-lui des histoires, commentez votre vie, il vous entend, il vous écoute, il va sûrement se calmer. Mais de grâce ne lui enfournez pas systématiquement une tétine dans la bouche dès les premiers pleurs. Je ne peux m'empêcher de vous livrer ce merveilleux passage du livre d'Aldo Naouri, *L'Enfant bien portant*, qui illustre si bien ce que je veux dire : « Tout comme le navigateur se précipite sur sa boussole, le bébé se précipite sur son pouce (ou sur la sucette qu'il aura investie de la même fonction), qui lui permet de recréer la première sensation qu'il ait réellement enregistrée dès le début de sa vie aérienne, celle de ce sein – ou de ce biberon qui en est un substitut – qui lui a soudainement pénétré la bouche et qui a aussitôt chassé sa crainte d'une irrémédiable coupure... Il serait tellement plus simple de parler à ce moment-là à ce métaphysicien précoce plutôt que de lui fourrer dans la bouche une sucette indigne de son interrogation. »

Elle crée une dépendance

Il n'est pas rare de voir des enfants de quatre ou cinq ans ne pas réussir à se séparer de leur tétine. On les croise dans la rue, au square, dans leur poussette... Ils en souffrent : à cet âge-là ils commencent à être conscients du problème que cela représente. Et ils se sentent encore plus honteux que s'ils suçaient leur pouce. Car, soyons clairs, il faut beaucoup de courage pour arrêter de donner une tétine à un enfant d'un, deux ou trois ans. Mieux vaut arrêter plus tôt.
Et pour ma part, je dirais, mieux vaut ne jamais commencer. Surtout si vous allaitez. Donnez plutôt le sein. Même dans le porte-bébé, votre enfant peut prendre le sein quand il le souhaite.

5 conseils de spécialistes

• Edwige Antier
« Ne proposez pas le pouce ou la sucette à un bébé calme. Et si vous avez opté pour la sucette, limitez son usage aux grosses crises de pleurs et aux périodes d'endormissement Attention, la tétine, c'est le chewing-gum de bébé. » (*Élever mon enfant aujourd'hui*, Robert Laffont.)

• Chantal de Truchis

« On ne sait pas encore très bien ce que cette habitude peut induire pour l'avenir ; les conséquences négatives sont sans doute plus importantes qu'on ne le pense ; Les parents devraient faire très attention à ce qu'elle ne devienne pas un objet habituel, mais reste un objet de réconfort en dernier recours : problème dentaire, souffrance physique. » (*L'Éveil de votre enfant*, Albin Michel.)

• Myriam Szejer

« Je suggère de donner une tétine aux bébés "téteurs", c'est-à-dire ceux qui ont un important besoin de sucer (on les repère car ils ne sont contents que lorsqu'ils tètent), et de l'enlever à la fin du troisième mois lorsqu'ils commencent à s'intéresser au monde qui les entoure. » (*Si les bébés pouvaient parler*, Bayard.)

• Béatrice Di Mascio

« En cas de coliques, la tétine pourra apaiser votre enfant. Son avantage par rapport au biberon est de ne pas exposer bébé au risque de suralimentation qui pourrait aggraver les symptômes au lieu de les atténuer. Tous les bébés ont des coliques mais certains en souffrent beaucoup plus que d'autres. » (*Mon enfant, de la naissance à la maternelle*, Albin Michel.)

• Laurence Pernoud

« Lorsqu'un bébé a de la peine à s'endormir, la tétine peut l'aider à trouver le sommeil. Mais essayez de l'ôter dès que le bébé est endormi. Ce qu'il faut éviter, c'est de la lui donner automatiquement dès qu'il pleure ou qu'il est fatigué. » (*J'élève mon enfant*, Éd. Horay.)

Mon conseil

Il me semble que si vous pouvez éviter la tétine, cela vaut mieux. Mais si vous la donnez, limitez-en l'usage à des moments très réguliers, par exemple le soir, quand bébé est énervé ou quand il va s'endormir. Dans ce cas, la tétine devrait rester dans son lit et ne pas en sortir. Soyez très ferme. Par exemple, n'emportez pas la tétine hors de la maison. Votre enfant adore être promené. Il n'en a pas besoin.

Mais je pense aussi que, si j'avais d'autres enfants, j'opterais pour la tétine le soir, entre 18 et 21 heures. Car lorsqu'il faut s'occuper des aînés, préparer le repas, que le bébé hurle et qu'on ne peut pas le prendre dans ses bras, c'est bien de pouvoir lui procurer un petit « soutien » momentané. Je le laisserais pleurer aussi, cinq ou dix minutes. Laurence Pernoud dit très justement : « Le bébé a le droit de s'exprimer. Les adultes peuvent libérer leurs tensions en faisant du sport ou en se mettant en colère. Les bébés ont bien le droit d'en faire autant et de pleurer. »

Si c'était mon premier enfant, je crois que je ne donnerais pas de tétine. J'aimerais mieux, s'il pleurait en fin de journée, le garder contre moi dans un porte-bébé et le laisser « tétouiller » mon sein. Je marcherais avec lui, je le promènerais dans sa poussette, je lui masserais le dos, je passerais l'aspirateur avec lui dans le porte-bébé – il paraît que certains aiment ça. Je le bercerais. En Amazonie, j'ai vu des mamans sous leur paillotte éplucher les légumes à côté du hamac où était posé leur bébé. Elles le balançaient d'un geste mécanique toutes les trente secondes. Le bébé ne pleurait jamais.

En conclusion

Voici la principale raison pour laquelle je ne donnerais pas de tétine : que bébé ait trois mois, six mois, un an ou deux ans, il faudra un beau jour, solennellement, jeter cet ustensile à la poubelle et se jurer de ne plus lui donner. Et j'ai vu autour de moi que c'était très dur, pour l'enfant comme pour les parents. Beaucoup n'y arrivent pas. Les années passent et l'enfant grandit avec sa tétine dans la bouche, cette tétine qui l'empêche de s'exprimer, de trouver lui-même comment se calmer, cette tétine-muselière...

Mon amie Laure, avec qui je parle beaucoup depuis la naissance de son premier enfant, m'a avoué récemment qu'elle regrettait de lui avoir donné une tétine. Elle m'a dit : « J'aurais dû le laisser trouver tout seul comment gérer ses émotions. » C'est une bonne formule.

Aujourd'hui, il me semble que je donnerais une tétine uniquement dans les cas suivants :

– Si l'enfant souffre de coliques ou de reflux gastro-œsophagien. Comme c'est très douloureux, qu'il y a très peu de moyens de soulager bébé, la tétine peut l'aider à passer ces deux ou trois mois difficiles. Je la donnerais particulièrement au moment de l'endormissement s'il pleure beaucoup.

– Le soir entre 18 heures et 20 heures, s'il hurle et qu'il n'y a aucun moyen de le prendre dans un porte-bébé.

12

LE ROT

Mon amie Raphaëlle attendait son premier enfant. Ses préoccupations m'étaient fort utiles pour la rédaction de ce livre. L'une de ses questions m'avait fait éclater de rire tant elle me paraissait saugrenue : « Comment vais-je savoir qu'il a fait son rot ? » Je lui avais répondu : « Ça, tu ne peux pas le rater, ne te fais aucun souci. »

Elle a eu son bébé, un beau petit Paul. Quelques semaines après la naissance, elle m'a avoué que tant qu'elle nourrissait son bébé au sein, elle ne savait jamais s'il avait fait son rot après la tétée. Elle ne l'entendait pas. En revanche, à partir du moment où elle lui a donné des biberons, cela lui a semblé évident car les rots sont devenus extrêmement sonores.

Personnellement, les rots de mes bébés ne m'ont jamais échappé. J'avais même l'impression que ce phénomène leur faisait peur. Qu'ils étaient surpris de pouvoir émettre de tels borborygmes.

Le principal problème du rot est qu'il est parfois fort long à venir. Et on n'a pas toujours la patience, surtout la nuit, de l'attendre. Or, si le rot ne vient pas, le bébé ne va pas être à son aise et il va sans doute pleurer. Il faut donc par tous les moyens arriver à ce qu'il fasse ce fameux rot le plus vite possible.

Les positions qui favorisent le rot

Voici deux trucs qui m'ont toujours semblé plus efficaces que de taper dans le haut du dos :

– **Penchez votre enfant en avant**, votre main droite entre ses jambes, votre main gauche sur le haut de son torse, votre pouce sur l'épaule et vos doigts sous l'aisselle droite, puis redressez-le lentement. Ce mouvement de balancier doit, en principe, par un effet mécanique, libérer l'air coincé dans l'estomac. Recommencez l'opération deux ou trois fois s'il le faut.

– **Appuyez légèrement sur le bas du côté gauche**. Une fois qu'on a trouvé l'endroit où il faut appuyer – légèrement, bien sûr –, c'est très efficace.

Il faut savoir qu'un bébé nourri au sein avale moins d'air que celui qui prend des biberons et qu'il ne fera pas forcément un rot après chaque tétée. Raphaëlle avait vu juste.

Je vous conseille donc d'attendre de dix à quinze minutes après la tétée ou le biberon. Si le rot n'est pas venu dans ce laps de temps, recouchez bébé. S'il pleure, laissez-le couiner quelques minutes, puis prenez-le dans les bras. Le simple fait de le faire passer de la position horizontale à la position verticale suffit parfois à déclencher le rot.

Faut-il que bébé fasse un rot au milieu du biberon ou faut-il attendre qu'il l'ait fini ?

Ma mère, comme beaucoup de femmes de sa génération, a toujours interrompu le biberon pour faire faire aux bébés un premier rot. Elle attendait la fin du biberon pour obtenir le second. Colette, la puéricultrice, donnait quant à elle le biberon d'une traite si bébé tétait bien et qu'il ne repoussait pas la tétine. S'il se tortillait, elle interrompait le biberon pour lui faire faire un rot.

L'argument de Colette est que le bébé nourri au sein boit très vite. Il ne faut donc pas s'affoler si un bébé boit vite son biberon. En général, on n'interrompt pas une tétée. Alors pourquoi interrompre le biberon ? Argument recevable.

Que le rot vienne ou ne vienne pas, que vous nourrissiez bébé au sein ou au biberon, je vous suggère, lorsqu'il a fini de boire, de le garder dans vos bras, assis, en position légèrement verticale, pendant un petit quart d'heure. Cela va l'aider à digérer.

Mon conseil

Pour ce qui est d'interrompre le biberon ou pas, pas de diktat. Car, dans ce domaine, je crois que l'intuition est le meilleur guide. Il faut arriver à sentir si le bébé veut s'arrêter ou pas. La meilleure méthode est celle qui convient à la mère : si elle se sent bien, l'enfant se sentira bien. Elle ne doit rien faire à contre-cœur. Faites confiance à votre instinct maternel...

13

DANS QUELS CAS
FAUT-IL CHANGER DE LAIT?

Lorsque bébé a tendance à vomir, à régurgiter plus que la normale, une des premières questions que vous vous posez si vous allaitez est : « Mon lait est-il bon? » Ou, si vous le nourrissez au biberon : « Ne devrais-je pas changer de lait? » Ce sont des réflexes que nous avons encore car nos mères ou nos grands-mères l'avaient. Mais ces problèmes sont d'un autre âge, sachez-le.

Dans chaque famille, il y a une histoire de nourrisson qui ne supportait pas le lait qu'on lui donnait. Quand il s'agissait du lait maternel, on disait que le lait était soit trop riche, soit pas assez nourrissant, soit infecté par les crevasses. Quand il s'agissait de biberons, on disait que l'enfant était allergique au lait de vache ou à tel lait de telle marque...

Le Dr Chouraqui, gastro-entérologue pédiatrique au CHU de Grenoble, explique très clairement : « Un nourrisson sur deux change de lait en poudre alors que moins de 2 % font une intolérance au lait de vache. Les mères ont tendance à s'inquiéter trop vite et à accuser le lait, souvent à tort. »

À quoi reconnaît-on une véritable intolérance au lait de vache?

Sachez tout d'abord qu'il n'existe pas d'intolérance au lait maternel. En revanche, le lactose du lait peut être mal supporté et entraîner des douleurs abdominales. Et bébé peut ne pas tolérer les protéines de lait de vache (PLV).

Premier symptôme : l'absence de prise de poids. L'enfant est pesé lorsqu'il sort de la maternité. Il a alors entre trois et cinq jours. Vous irez consulter votre pédiatre pour la première visite lorsqu'il aura entre quinze et vingt et un jours. Le pédiatre sera alors à même de juger si la courbe de poids est satisfaisante. La moindre anomalie sera décelée. Si tout va bien, une autre visite sera effectuée lorsque bébé aura entre quatre et six semaines. C'est donc le pédiatre qui pourra juger s'il y a une perte de poids – le signe le plus inquiétant.

Quels sont les autres signes?

D'autres signes sont plus courants mais plus difficiles à interpréter, comme les régurgitations et les vomissements, qui sont aussi un symptôme du reflux gastro-œsophagien. Mais le lait n'est pas obligatoirement responsable de ces maux. Beaucoup d'enfants recrachent leur biberon sans qu'il y ait un problème grave. Certains vomissent un biberon de temps en temps. Parce qu'ils ont été secoués, parce que le lait passe mal, parce que la machine doit se mettre en route et que parfois il y a des ratés...

Y a-t-il un risque à changer le lait d'un nourrisson ?

Il n'y a pas de risque grave mais, comme le dit le Dr Chouraqui, le danger est de perturber bébé. Cela lui fera finalement plus de mal que de bien car il ne se retrouvera plus dans ces changements de goût. Certains finissent par refuser les laits qu'on leur propose, si on change trop souvent de marque.

Tous les laits se valent-ils ?

La composition de chaque lait est sensiblement la même. Certains sont un petit peu plus riches en caséine (la caséine est une protéine qui a tendance à ralentir le transit intestinal). Cependant, si l'enfant est très constipé, mieux vaut d'abord faire ses biberons à l'eau Hépar : c'est seulement si ça ne marche pas qu'on envisagera de changer de lait. La plupart du temps, cela suffit.

Peut-on changer de lait de son propre chef ?

Il vaut mieux ne pas le faire. Si vous voulez changer de lait, faites-le en accord avec votre pédiatre, qui est le seul à pouvoir évaluer l'importance des troubles. Si l'enfant régurgite énormément, il essayera peut-être un lait épaissi.

14

COMMENT S'ORGANISER
AVEC DES JUMEAUX?

Lorsque Raphaël et Hadrien sont nés, je suis restée quinze jours à l'hôpital : j'avais besoin de repos après cette quatrième césarienne ! Vers le dixième jour, sentant mes forces revenir et voyant que les infirmières de nuit étaient débordées, je leur ai proposé avec candeur de donner aux jumeaux les biberons de la nuit. Le lendemain matin, hébétée, je me suis rendu compte que je n'avais dormi que deux heures cette nuit-là – et en plusieurs fois, bien entendu. La nuit suivante, j'ai décidé de laisser les jumeaux dans la nursery. À la maternité, pendant la nuit, on peut souvent confier ses bébés aux puéricultrices. Mais à la maison, comment faire ?

Les chiffres parlent d'eux-mêmes. Lorsqu'elles quittent la maternité, les mères de jumeaux doivent donner, en moyenne, quatorze tétées ou biberons par vingt-quatre heures, dont deux ou quatre la nuit. Les bébés tètent en général avec difficulté et lenteur car ils sont souvent prématurés, donc petits : il faut compter deux heures pour deux tétées, deux changes et deux rots. S'ils boivent toutes les trois heures, voyez ce qu'il vous reste pour dormir.

La quantité de soins à consacrer aux enfants (repas, toilette, change) a été estimée à douze heures et demie quotidiennes au minimum au retour de maternité. Si vous ajoutez à ces douze heures et demie les lessives, les courses, les repas et la douche, il ne vous reste plus que quelques précieuses heures de sommeil. Autant dire qu'on ne fait que ça.

Il y a évidemment quelques règles d'or à observer :

– **Il faut impérativement prévoir, si possible avant la naissance, de se faire aider.** Selon vos moyens, il s'agira du père (qui prendra un congé un peu plus long que le congé de paternité de onze jours), d'une mère, d'une sœur ou d'une aide-ménagère. Et, surtout, prévoyez un roulement pour qu'il y ait quelqu'un pour vous relayer la nuit. Au moins les trois premières semaines. En effet, lorsque les bébés atteignent un mois, il ne devrait plus y avoir en principe qu'une tétée ou un biberon dans la nuit (s'ils ne sont pas trop petits à la naissance).

– **Il ne faut pas culpabiliser si vous décidez de ne pas allaiter vos jumeaux.** Bien sûr, vous serez tentée, surtout s'ils sont de faible poids, de les nourrir au sein pour leur donner un bon départ dans la vie. Mais sachez que nourrir des jumeaux est un travail à plein-temps extrêmement fatigant, car vous ne pouvez pas vous faire remplacer ! Vous pouvez l'envisager si vous êtes très aidée à la maison et si vous décidez d'y consacrer toutes vos journées et vos nuits. Car vous serez sur le pont non-stop. C'est un choix. Personnellement, je n'ai pas allaité mes jumeaux. À l'hôpital, les sages-femmes et les puéricultrices m'avaient déconseillé de les nourrir, étant donné leur faible poids (2,2 kg et 2,1 kg) et donc leur difficulté à téter, étant donné aussi que c'était ma quatrième césarienne, que j'avais deux enfants à la maison et que la fatigue serait extrême. Avec le recul, ce conseil me paraît judicieux.

– **Si vous décidez d'allaiter, anticipez !** Il vous faut une organisation « béton ». Vous n'aurez absolument pas le temps de faire les courses, ni de préparer des repas. Car les premières tétées ne durent pas un quart d'heure, surtout si ce sont vos premiers enfants. On tâtonne, on apprend, on découvre leur rythme... La tétée peut durer une demi-heure, parfois un peu plus. Faites le compte. Quarante minutes pour chacun, soit une heure vingt, dix minutes pour le rot, multipliées par deux, et dix minutes pour changer les bébés : cela fait presque deux heures. Il vous reste une petite heure jusqu'à la tétée suivante pour prendre une douche, avaler un repas ou leur donner le bain. Les minutes sont précieuses.

Un conseil de Marie Thirion : n'allaitez pas vos bébés l'un après l'autre. Cela vous prendra trop de temps. Nourrissez-les ensemble. Mettez-en un à chaque sein. Réveillez au besoin le deuxième pour qu'ils boivent en même temps. Et gardez-les trente minutes. Ainsi, ils videront bien vos seins. Votre production de lait n'en sera que meilleure.

Pourquoi ne pas opter pour l'allaitement mixte ?

Évidemment, ce serait l'idéal. Pouvoir introduire un biberon au milieu de la nuit et le faire donner une fois par le père, une fois par votre mère, votre belle-mère ou votre sœur... Cependant, je vous rappelle qu'un allaitement mixte, s'il démarre quand les bébés ont quelques jours, ne durera pas très longtemps (voir chapitre 5, p. 73-74). À partir du moment où vous introduirez un ou deux bibe-

rons, cela risque d'amorcer le sevrage. Mais c'est un choix qui n'est pas si mauvais, car :
– vous ne culpabiliserez pas de ne pas avoir essayé ;
– vous aurez connu le plaisir de l'allaitement ;
– vous aurez nourri vos bébés trois ou quatre semaines :
   c'est mieux que rien !

Pourquoi ne pas donner en alternance le sein à un jumeau et un biberon à l'autre ?

Souvent proposée dans les maternités, cette technique est, pour Marie Thirion, la pire des méthodes. L'enfant qui a un biberon une fois sur deux positionnera mal sa langue sur le sein. Sa façon de téter stimulera mal le sein, qui ne fournira pas assez de lait, et pourra provoquer des crevasses. Sans compter que cela prend un temps fou. Tous les soucis en même temps...

Faut-il écrire sur un cahier les heures des biberons et la quantité absorbée ?

Oui. Pourquoi ? Pour ne pas « s'emmêler les pinceaux ». On peut ne pas le faire avec un enfant unique mais, avec des jumeaux, cela me semble indispensable.

Peut-on nourrir les jumeaux à la demande après trois semaines s'ils ne sont pas prématurés ?

Vous pouvez le faire, bien sûr, les huit ou quinze premiers jours à la maison. Mais si vos bébés n'étaient pas prématurés, ou s'ils pesaient plus de 2,5 kg chacun à la naissance, essayez assez rapidement d'imposer un minimum de discipline. Sinon, c'est vous qui allez en pâtir. Les déprimes ne sont pas rares après la naissance de jumeaux. Déprimes dues, en premier lieu, à la fatigue.

Mon conseil

Après avoir nourri un bébé, que ce soit au sein ou au biberon, il faut impérativement réveiller l'autre pour lui donner à boire dans la foulée. Cela peut paraître un peu barbare mais, si vous ne le faites pas, vous n'aurez pas de temps pour vous, pas même celui de prendre votre douche.

Je me souviens de ce jeune photographe qui avait eu des jumeaux et qui m'expliquait, non sans humour : «Tu sais, c'étaient nos premiers enfants. On ne savait pas très bien comment se débrouiller. J'ai l'impression que je suis resté six mois en pyjama.» Je n'ai compris le sens de sa formule que lorsque j'en ai fait l'expérience moi-même.

J'ai conservé le cahier sur lequel j'inscrivais l'heure des biberons de Raphaël et Hadrien dans les jours qui ont suivi mon retour à la maison. Les biberons de la journée ne duraient pas plus d'une demi-heure et se suivaient de près. Voici les horaires au seizième jour :

– Raphaël : 3 h 45, 8 h 30, 12 h 30, 17 h 30, 22 h 30 ;
– Hadrien : 4 heures, 8 h 45, 13 heures, 18 heures, 22 h 15.

Ces bébés prenaient donc cinq biberons de 90 g par jour. Ils ne pesaient alors que 2,6 et 2,42 kg. Ils dormaient beaucoup, d'un sommeil lourd, ce qui me paraissait meilleur pour leur développement que d'ingurgiter un sixième, voire un septième biberon. Nous ne forcions pas la nature. Ils n'en réclamaient pas plus.

Attention : ces horaires quelque peu idylliques ne doivent pas vous culpabiliser. Les meilleures organisations ont leur faille, les emplois du temps parfaits subissent des couacs, les mauvaises journées succèdent aux bonnes. Si, en effet, ce lundi 16 janvier, je donnai mes cinq biberons, que dire du dimanche 22, où il y eut soudain sept biberons dans la journée, plus un à 2 heures du matin ? La famille avait défilé, ce jour-là, les bébés étaient passés de bras en bras, leur petite routine avait été malmenée. Ils pleuraient. J'ai fait un biberon toutes les trois heures, pour les calmer.

À connaître

Le site de l'association « Jumeaux et plus » :
www.jumeaux-et-plus.fr.

15

Y A-T-IL DES BÉBÉS PLEUREURS?

Pour moi, le caprice n'existe pas. Entendons-nous bien : je parle du nourrisson. Pas de l'enfant de deux ans qui hurle en se roulant par terre et en réclamant une sucette... Le petit nounours qui est dans son berceau a, à mon avis, d'autres soucis que celui d'« emmerder le monde ». S'il pleure beaucoup, c'est qu'il a une bonne raison.

Je crois aux bébés pleureurs et aux enfants dits sages. J'ai connu les deux cas de figure : Jeremy et Paul ne pleuraient pas ; mon neveu Stanislas, Alexandre et les jumeaux pleuraient beaucoup. Pour moi, l'explication est simple. Ceux qui ne pleurent pas sont bien dans leur corps. Rien ne les gêne physiquement. Jeremy (4 kg, né à terme) et Paul (4,2 kg, né avec trois semaines d'avance) étaient de ceux-là. Aucun mal de ventre ne semblait les perturber, aucun souci de digestion. Ils ne se tortillaient pas après les biberons. Ils semblaient contents, repus, bien dans leur peau. Paul était une marmotte. Jeremy, lui, restait éveillé dans son transat, les yeux grands ouverts, dès l'âge de trois semaines, et semblait découvrir le monde en petit père tranquille.

Alexandre et les jumeaux, eux, avaient tout simplement mal au ventre. À cet âge-là, la cause principale des pleurs est un problème de digestion.

Un bébé ne pleure pas de la même façon s'il a faim, s'il est en colère, s'il est fatigué ou s'il a mal au ventre. Faire la différence est terriblement difficile, surtout pour le premier enfant. Et pourtant, il faut essayer de repérer :

– **Le bébé qui a faim. Celui-là pleure assez franchement. On a l'impression qu'il dit : « Alors, ça vient ? » Il se met à pleurer deux, trois ou quatre heures après son biberon ou sa tétée.** Ces pleurs-là sont normaux.

– **Le bébé qui est fatigué. Il pleure après son biberon lorsqu'on le met dans son lit** parce qu'il cherche le sommeil. Il semble pleurer par à-coups. Il geint. Le cri est moins strident que lorsqu'il a faim. S'il s'agit vraiment de fatigue, il va s'endormir en cinq ou dix minutes. On peut soit le bercer, soit le laisser pleurer quelques minutes. S'il pleure plus de dix minutes, c'est signe qu'il y a autre chose : soit un rot « coincé », soit un problème de digestion.

– **Le bébé qui est énervé. Cela arrive souvent en fin de journée.** À cette heure-là, il « gueule ». Il n'a pas l'air content. Il semble en colère, stressé. Il n'y a malheureusement pas d'autre solution que de le prendre dans les bras, le promener dans **un porte-bébé** ou une poussette, le laisser pleurer par tranches de cinq à dix minutes ou, éventuellement, lui donner une tétine (voir chapitre 11, p. 116).

– **Le bébé qui a un rot qui ne passe pas. Il pleure une demi-heure ou une heure après son biberon.** C'est assez fréquent. Bébé est mal, il se tortille et pleurniche. Dans ce cas, prenez-le dans vos bras et faites le mouvement du balancier (voir chapitre 12, p. 118).

Ces pleurs ne sont absolument pas inquiétants. Ils sont « ponctuels ». En revanche, un bébé qui pleure après chaque biberon, qui se tortille lorsqu'il est en position

allongée, qui se calme en position verticale et qui paraît soulagé lorsqu'on lui masse le ventre a sûrement un problème de digestion. Ce n'est pas forcément grave mais il faut, bien sûr, chercher à améliorer sa vie pour qu'il se sente mieux.

Quelles sont les causes les plus fréquentes des pleurs du nouveau-né ?

Les deux problèmes les plus courants sont le *reflux* et les *coliques.* Les bébés qui en souffrent pleurent beaucoup et angoissent leurs parents, qui pensent qu'ils ne font pas correctement les choses. Grand malentendu. Un seul conseil, pour ces parents-là : restez calmes. Opération survie : faites garder votre bébé dès que vous le pouvez, offrez-vous des plages de détente et patientez. Cette mauvaise passe prendra fin.

Mais elle peut durer trois ou quatre mois. Il est possible de soulager les coliques et de traiter le reflux gastro-œsophagien. Mais on ne peut pas les supprimer totalement. Autant le savoir.

• Les coliques

Attention : *les coliques* ne signifient pas *la colique.* Un bébé qui a des coliques, c'est un bébé qui a mal au ventre. Cette douleur ne s'accompagne pas automatiquement de diarrhée.

Les spasmes de l'enfant atteint de coliques sont assez impressionnants. Mais il ne faut pas trop s'en faire car celles-ci disparaissent de façon magique lorsque le bébé est âgé de dix à quatorze semaines. D'ailleurs, on appelle ce phénomène « coliques de trois mois ». Attention : un bébé peut très bien pleurer souvent le soir sans souffrir de coliques. Et, surtout, il ne faut pas établir trop vite un lien entre les mères anxieuses et les bébés qui pleurent parce qu'ils ont mal au ventre !

Peu de médicaments agissent véritablement sur les coliques. On peut donner un antispasmodique, du gel de Polysilane, de la Calmosine, des probiotiques. Si vous voyez que cela ne marche pas, prenez le plus possible bébé dans vos bras ou dans un porte-bébé, faites-lui faire des promenades en voiture le soir, bercez-le dans son berceau, promenez-le dans son landau dans l'appartement, et cela jusqu'à la dixième semaine ! Et si vous craquez – ce qui est légitime –, laissez bébé pleurer par tranches de dix minutes...

• Les régurgitations

Je consacre tout le chapitre 17 au reflux gastro-œsophagien (voir p. 141-144).

Alexandre et les jumeaux étaient des bébés « cracheurs » : Alexandre avait un reflux gastro-œsophagien ; Raphaël vomissait quelques biberons ; Hadrien crachouillait pas mal. Ils n'étaient pas très à l'aise. À l'évidence, le lait avait du mal à passer.

Ces troubles sont faciles à repérer car le **bébé pleure après le biberon**, alors qu'il devrait être heureux et repu. En revanche, lorsque la digestion est finie – au bout de deux heures –, il est bien et dort tout son soûl. D'où l'intérêt de ne pas avoir des repas trop fréquents et de passer rapidement, s'il le supporte, à cinq, puis à quatre repas (voir chapitres 8 et 9, p. 101-108). Puisqu'il récupère dans l'heure ou les deux heures qui suivent la fin de la digestion, il vaut mieux qu'il s'écoule quatre heures entre ses repas...

Mais attention, c'est bébé qui décide ! Celui qui aura du mal à avaler de gros biberons restera à cinq ou six repas parce que cela lui conviendra mieux. Il n'y a pas de règle. Dans tous les cas, il faut essayer, tâtonner, et surtout ne pas se dire : « Il a mauvais caractère, c'est un gueulard. » Il est normal qu'un bébé pleure un peu avant ses biberons, quand il a faim, ou à la tombée de la nuit. Il n'est pas normal qu'il pleure après chaque biberon.

Alors que faire ? Honnêtement, j'ai tout essayé. Pour Alexandre, j'ai épaissi les biberons, j'ai donné du Phosphalugel (qui tapisse la muqueuse œsophagienne), je l'ai surtout maintenu le plus possible en position verticale, dans son petit transat ou dans le porte-bébé. Aux jumeaux, qui cumulaient le handicap du reflux et celui des coliques, j'ai donné du gel de Polysilane, j'ai épaissi les biberons jusqu'à y mettre de la Maïzena vers quatre mois (on ne peut pas en donner, hélas, avant cet âge). Ce fut le remède miracle. Aujourd'hui il existe des laits épaissis. Et des médicaments pour le reflux acide : le Mopral, l'Inexium. Votre pédiatre vous les prescrira si besoin.

L'allaitement facilite-t-il la digestion du nouveau-né ?

C'est certain. Le lait maternel est plus facile à digérer que les laits en poudre. Cela dit, aujourd'hui, la formule des laits « premier âge » se rapproche énormément de celle du lait maternel. Les mères qui n'allaitent pas ne doivent donc pas culpabiliser. Les bébés nourris au biberon n'ont pas tous mal à l'estomac ! Et certains bébés nourris au sein ont mal au ventre.

Un enfant pleureur peut-il être tout simplement un enfant angoissé?

Il y a angoisse si bébé se calme immédiatement dans vos bras. Mais il est difficile de savoir si l'angoisse vient réellement de l'enfant ou des parents. De nos jours, beaucoup de parents ne supportent pas d'entendre leur enfant pleurer, ne serait-ce que deux minutes. Ils se précipitent et transmettent ainsi leur angoisse au nouveau-né. Il est vrai aussi que certains enfants semblent confiants, rassurés, paisibles. Ni le tonnerre, ni l'aspirateur ne les réveilleront. D'autres sont plus nerveux, agités, plus sensibles au bruit.

En conclusion, je crois tout à fait aux bébés pleureurs. Il ne faut pas s'inquiéter mais c'est un peu fatigant et déprimant : on essaie sans cesse de trouver la cause, puis le remède et, parfois, on n'y arrive pas. L'entourage est inquiet : « Mais qu'est-ce qu'il a ? » Et ça énerve parce qu'on ne sait pas très bien ce qu'il a, justement.

Dans ces cas-là, il faut penser à la phrase d'Aldo Naouri : « Les bébés sont à tous égards infiniment plus résistants que les adultes », attendre que ça passe, s'armer de patience et surtout se mettre dans la tête qu'un bébé, cela prend du temps : les premières semaines, surtout s'il pleure beaucoup, on ne peut pas faire grand-chose d'autre que s'occuper de lui.

Enfin, si votre bébé pleure beaucoup, c'est-à-dire après chaque biberon, soit il n'a pas sa dose et il faut lui donner un biberon plus important, soit il a mal au ventre ou à l'œsophage. S'il se tortille et se réveille en pleurant fort et que cela vous inquiète, consultez votre pédiatre. N'attendez pas le rendez-vous des trois semaines (voir annexe I, p. 177-178).

Dernier point : si le pédiatre ne réussit pas à soigner certains symptômes, tels que vomissements répétés ou diarrhées, si votre bébé vit par ailleurs une histoire douloureuse, vous pouvez envisager de consulter un psychothérapeute.

Parfois, une ou deux consultations suffisent à soulager un enfant qui a vécu des moments difficiles, soit pendant sa vie intra-utérine, soit durant les premiers jours après sa naissance, et qui n'a pas d'autre moyen pour s'exprimer que pleurer, vomir ou avoir des diarrhées. Le psychothérapeute cherche à comprendre et surtout va lui parler directement (voir chapitre 18, p. 146-147).

Mon truc

Pour tous mes enfants, il y avait une position souveraine et miraculeuse, incroyablement relaxante. J'ai vu ma mère obtenir des résultats spectaculaires avec cette position.

Allongez votre bébé sur le ventre sur votre bras gauche, la tête dans le creux du coude, votre main gauche sous son bras droit. Placez votre main droite entre ses jambes, avec le pouce sur le bas du dos et les doigts sur le bas du ventre. Bercez-le légèrement. Soudain, bébé semble revivre. Comme si c'était sa position naturelle. Et si vous marchez de long en large dans votre maison, avec votre petit sur votre bras, il sera heureux. Garanti.

16

BÉBÉ CRAINT-IL LE BRUIT ?

Un souvenir, une image : la chambre de Raphaël et Hadrien baignée de soleil, la fenêtre ouverte, la rue très bruyante ce matin-là (pompiers, klaxons...), l'aspirateur qui marchait plein pot sur leur moquette et mes petits qui dormaient comme des bienheureux.

Une autre image : une journaliste arrive sur un plateau de télévision par un matin de décembre. Elle participe comme moi à une émission, trois semaines après la naissance de son troisième enfant. Le bébé est dans un couffin et ne la quitte pas. Il y a du bruit : les électriciens qui passent, la maquilleuse qui s'agite, le coiffeur qui s'énerve. Et le petit ne bronche pas pendant une heure. Elle explique : « J'ai toujours fait ça pour mes enfants. Ils me suivent partout pendant les trois premiers mois. Je les emmène faire les courses, à mes rendez-vous chez le médecin, au boulot, à l'école chercher les aînés. On me traite parfois de folle. Mais mes bébés ne pleurent jamais. Je crois qu'ils sentent ma présence. Ils ont l'air bien. » Celui-là, en effet, avait l'air particulièrement épanoui.

Autre souvenir : Stanislas sursautant dans son berceau lorsqu'une moto avait eu l'outrecuidance de démarrer sous la fenêtre de sa chambre, à la maternité. Toute la famille avait été dans un premier temps très heureuse de constater que ses oreilles fonctionnaient bien et, dans un deuxième temps, légèrement inquiète : soit il avait une hypersensibilité de l'ouïe, soit il était très angoissé.

Alors, faut-il protéger votre enfant du bruit? Faut-il, au contraire, ne pas s'en soucier?

Je crois qu'il y a des enfants dont le sommeil est particulièrement lourd. Stanislas et Raphaël ont toujours eu tendance à se réveiller, même lorsqu'on entrait à pas de loup dans leur chambre. Pour Stanislas, le premier enfant de la famille, nous étions tous obsédés par le bruit. Il a vécu dans un calme absolu. Trop de calme, diront certains. Raphaël, au contraire, a connu, outre l'aspirateur et les klaxons, les colères de Paul et le piano d'Alexandre... Tableau inverse.

Mon conseil

Je pense qu'il faut vivre normalement et ne pas être obsédé par le bruit, surtout quand les bébés sont tout petits. On peut laisser les portes ouvertes. Les enfants aiment la compagnie. Ce qu'il faut, c'est leur réserver des périodes de repos et de silence, le matin et en début d'après-midi, par exemple. Ce sont des plages de temps où ils dorment d'un sommeil particulièrement profond. Gardez les divertissements pour la fin de la journée : ils seront ravis d'être dans les bras à un moment où, de toute façon, ils sont un peu nerveux. On peut aussi réserver l'obscurité et le silence à la nuit, pour que le bébé arrive à faire la distinction entre la nuit et le jour. La journée, laissez bébé dormir avec les bruits de la maison, sans fermer les rideaux.

17

LE REFLUX GASTRO-ŒSOPHAGIEN

Ah, le reflux ! Le RGO !

Depuis trente ans, on ne parle que du reflux. Laissons la parole au Dr Costa : « Dans les années 1970, on ne voyait que très rarement des reflux. Aujourd'hui, tous les bébés en ont. Moi, j'ai toujours vu ma mère se promener dans la maison avec une couche en tissu pliée sur l'épaule, quand mon petit frère était bébé. Pourquoi ? Parce qu'il crachait. Je pense que de tout temps les bébés ont craché car la digestion d'un nouveau-né ne se fait pas facilement. L'enfant ne possède pas encore toutes les enzymes qui sont nécessaires pour une bonne digestion. Mais, de nos jours, les mères ne le supportent plus parce qu'elles veulent un bébé parfait, un bébé sans problèmes, un bébé qui ne pleure pas, un bébé qui ne crache pas. Mais le premier mois d'un bébé, c'est dur. Il faut être patiente. »

C'est quoi, un reflux gastro-œsophagien ?

Si votre bébé vomit chacun de ses biberons, ou s'il vomit en gerbe plus de deux biberons par jour, vous allez certainement consulter très rapidement votre pédiatre ! Celui-ci va essayer de voir s'il y a une sténose du pylore (rare) ou un dysfonctionnement du cardia (très fréquent). Le cardia, c'est le canal qui relie l'estomac à l'œsophage. Le pylore, c'est le canal qui relie l'estomac à l'intestin grêle. Il peut se rétrécir. Le cardia, au contraire, peut être « béant ». Dans ce dernier cas, le lait remonte le long de l'œsophage et est recraché. S'il y a sténose du pylore, les vomissements sont fréquents, inopinés et très violents. Si c'est le cardia qui est en cause, l'enfant régurgite souvent et vomit parfois. Dans le cas d'un rétrécissement du pylore, on opère, mais c'est assez rare. S'il y a défaut de fonctionnement du cardia, on donne un traitement contre le reflux gastro-œsophagien.

Alexandre recrachait beaucoup. Après son biberon, je retrouvais régulièrement une grande tache de lait caillé sur son drap. De plus, il pleurait énormément. Lors de la visite des trois semaines chez le pédiatre, celui-ci décida de faire pratiquer une radiographie – un examen assez bénin mais un peu traumatisant pour l'enfant comme pour la mère – afin de déceler une éventuelle sténose du pylore.

Heureusement, cela ne se pratique plus dans ces cas-là, et c'est tant mieux. Jugez plutôt : on entourait le bébé de bandelettes, comme une momie, bras et jambes liés. On lui faisait boire un biberon de liquide blanchâtre. On l'attachait sur une planche et on basculait la planche de telle sorte que le bébé ait la tête en bas. Puis on le remettait brutalement la tête en haut. Et on observait, sur un écran, si le liquide remontait dans l'œsophage ou s'il restait dans l'estomac. Le bébé hurlait. Atroce souvenir.

Aujourd'hui, on pratique une fibroscopie : on introduit une sonde qui permet d'observer l'état de la muqueuse œsophagienne.

Mais la plupart des pédiatres ont heureusement tendance à donner un traitement avant de pratiquer ce genre d'examens. Ils sont réservés aux formes sévères du reflux (vomissements en gerbe de tous les biberons) ou aux bébés dont l'état ne s'améliore pas malgré les traitements.

En quoi consiste le traitement du reflux ?

Il consiste à épaissir le lait quand le reflux intervient peu de temps après le repas, et à donner un traitement quand l'acidité se manifeste à distance du repas.

• Les laits épaissis
Aujourd'hui, les fabricants de lait en poudre pour bébés ont mis au point un lait anti-régurgitation, dit « AR », qui « **épaissit** » le biberon. Il rend plus solide la consistance du lait, surtout une fois dans l'estomac. C'est une trouvaille car il n'est plus nécessaire d'utiliser les épaississants que moi-même j'ai donnés à Alexandre (Gélopectose) ou aux jumeaux (Gumilk). Les laits « AR » qu'on achète uniquement en pharmacie sont les plus épais ; parfois les laits « confort », moins épaissis, peuvent suffire.

• Les traitements médicamenteux
Si besoin, votre pédiatre vous prescrira du gel de Polysilane, du Mopral, de l'Inexium ou du Motilium.
Mais il faut surtout maintenir l'enfant le plus droit possible après les biberons : par exemple le faire digérer sur votre ventre, légèrement à l'oblique, ou plus droit, sur votre épaule, ou dans le porte-bébé si vous avez des choses à faire. Il vaut mieux le coucher dans son petit transat que dans son lit.
Surtout, ne pas l'allonger après son biberon. Cette position est douloureuse car elle favorise les remontées de lait.
Heureusement, tous les bébés qui recrachent n'ont pas de sténose du pylore. Beaucoup ont en revanche un reflux gastro-œsophagien qui peut être léger. Il est d'ailleurs assez difficile pour le pédiatre d'en évaluer la gravité.
Si le reflux est léger :
– l'enfant crachouille après tous ses biberons ;

- il en vomit certains ;
- parfois, il vomit en jet ;
- il pleurniche, se tortille, semble mal à l'aise après ses biberons.

Il ne faut pas trop s'en faire, d'abord parce que c'est courant et qu'on sait comment traiter ce reflux, mais surtout parce que les symptômes vont disparaître au fur et à mesure que l'enfant va grandir. Plus sa nourriture sera solide, mieux il digérera (c'est pour cette raison qu'on épaissit les biberons). D'autre part, dès qu'il commencera à s'asseoir, il sera plus à l'aise. Pour certains bébés, la position allongée après le biberon semble un cauchemar. En fait, ils ont sûrement une sensation de brûlure dans l'œsophage.

Mon conseil

Un bébé qui souffre d'un reflux devrait vivre dans son transat ou dans un porte-bébé pendant trois mois. Car, lorsqu'il est allongé, il a mal. S'il est en permanence contre vous, en position verticale, les acidités de l'estomac ne remonteront pas dans son œsophage. Prenez-le donc contre vous, surtout après le biberon. Deux heures plus tard, la digestion est passée : vous pouvez le reposer dans son berceau. Il faudra essayer de passer à quatre repas quotidiens le plus rapidement possible pour qu'il ait un temps de repos après la digestion.

L'enfant qui a un reflux va très peu dormir. Le soir, mettez-le dans son transat pendant une ou deux heures après le dernier biberon avant de l'allonger sur le dos dans son lit. Sachez que vous allez lui consacrer toute votre attention pendant trois ou quatre mois. Vous serez, vous aussi, très fatiguée. Et puis, un jour, les problèmes disparaîtront. Généralement, lorsque le bébé commence à s'asseoir. Et que son alimentation devient solide. Il va soudain se mettre à dormir, dormir, dormir… Ce fut le cas pour Alexandre. Je m'en souviens parfaitement. J'avais l'impression que, soudain, il avait droit au repos. Il avait six ou sept mois. Il restait, assis ou allongé, dans son lit, le matin. Heureux. Tranquille. Apaisé. Il ne pleurait plus. Enfin !

18

SI VOUS ÊTES TRISTE, DONNEZ UNE EXPLICATION À VOTRE BÉBÉ

S'il n'y avait qu'un seul message à retenir du discours de Françoise Dolto, ce serait, bien sûr : « Parlez à vos enfants et dites-leur la vérité. » Les mères ont, semble-t-il, bien assimilé cette recommandation. Il suffit de les entendre donner des explications à leurs petits de deux ou trois ans pour en être persuadé : « Je vais partir à la campagne avec un monsieur qui s'appelle Julien et toi, tu vas aller chez papa. Mais je reviendrai dimanche et je t'emmènerai à l'école lundi... »

En revanche, ce qui est moins courant, c'est d'entendre une mère tenir le même langage à un bébé. Et pourtant, c'est ce que préconisait aussi Françoise Dolto. Elle eut des disciples qui se sont consacrés au nouveau-né et qui ont écrit des livres passionnants : la pédiatre Catherine Dolto[1] (sa fille) ainsi que les psychanalystes Caroline Eliacheff[2] et Myriam Szejer[3], fondatrices de l'association La Cause des bébés. Elles sont toutes les trois à l'écoute du bébé.

---

1. Auteur de *Raconte-moi ma naissance : les aventures du bébé dans le ventre de sa maman*, Gallimard-Jeunesse, 2009.
2. Coauteur, avec Myriam Szejer, de *Le Bébé et les ruptures*, Albin Michel, 2003.
3. Myriam Szejer, codirectrice avec René Frydman du livre *La Naissance : histoire, cultures et pratiques d'aujourd'hui*, Albin Michel, 2010.

L'enfant qui vient de naître est parfois embarqué, bien malgré lui, dans une tourmente qui le dépasse. Généralement, on ne lui fournit aucune explication. Et cela peut le perturber au plus haut point.

Quelques situations problématiques

1. La mère vit seule. Le père « n'existe pas ».
2. La mère est dépressive et pleure toute la journée.
3. Les parents sont très affectés par un deuil qui a eu lieu quelques jours avant ou après la naissance.
4. Les parents sont hyper-angoissés parce qu'ils ont perdu précédemment un bébé.
5. L'enfant n'est pas désiré par le père ou par la mère.
6. C'est une fille, alors que les parents « voulaient » un garçon, ou vice versa.
7. Le père a quitté le domicile conjugal quelques jours avant la naissance ou quelques jours après.

Lorsque vous, la mère, vivez ce type de drames, vous devez en parler à bébé.

Comment parler à votre bébé ?
Et avec quels mots ?

Voyons ce qu'en dit Myriam Szejer, l'auteur du livre *Des mots pour naître* (Gallimard) : « Il faut parler et surtout pour nous, psychanalystes, faire parler les parents et les écouter. Il faut ensuite les convaincre de parler directement à leur enfant et de lui dire des mots parfois difficiles à prononcer :

« "Ton père ne m'aime plus. Il est parti avec une autre femme. C'est pour ça que je suis triste. Ce n'est pas à cause de toi."

« Ou bien : "Ton papa n'est pas là. Mais il sait que tu existes."

« Ou encore : "Je pleure, parce que ma maman est morte. Mais je suis heureuse parce que tu es là."

« **Il est très important de mettre des mots sur ces souffrances. On n'a toujours pas très bien compris pourquoi mais ces mots rassurent l'enfant.** Je constate que souvent les symptômes physiques disparaissent après ces conversations. »

Instinctivement, j'ai toujours pensé qu'il fallait dire la vérité aux enfants. Même si elle est douloureuse. On ne peut pas bâtir une vie sur un mensonge ou même une omission. J'ai donc prononcé des mots difficiles. Mais je les ai dits plus tard. Je ne savais pas qu'il fallait parler aux tout-petits. J'ai parfois mis des mois, voire des années, à pouvoir m'exprimer sur des sujets douloureux. Mes enfants étaient alors en âge de parler, de me répondre et de me questionner. C'était à la fois plus simple et plus intimidant.

Il me fallut donc attendre la naissance des jumeaux, en 1994, pour que je m'adresse directement à Raphaël et Hadrien. J'avais quarante-trois ans lorsqu'ils sont nés, et ma hantise était de ne pas tenir le coup physiquement. Aussi ai-je demandé à la puéricultrice Colette de venir passer les premières nuits à la maison, afin que je puisse dormir. Au début, elle restait assez tard le matin (jusque vers 11 heures). Cela m'a permis d'être dans une forme éblouissante un mois après la naissance mais, parfois, je me sentais légèrement coupable de ne pas assez m'occuper de mes fils. Je lisais des livres où il était écrit que le nouveau-né a terriblement besoin d'être en contact avec la peau de sa mère et de sentir son odeur, l'allaitement étant le meilleur moyen de vivre cette osmose. Bref, je craignais d'avoir tout faux. Non seulement je n'allaitais pas, mais je ne portais pas beaucoup mes bébés dans mes bras.

Alors, un beau matin, je me suis lancée dans une explication : « Eh bien, voilà. Moi, il faut que je dorme, sinon je ne serai pas en forme pour m'occuper de vous. C'est pour ça que je ne suis pas là la nuit. Il y a Colette. Mais bientôt, nous allons nous retrouver, car maintenant je me sens mieux. Et je vais m'occuper plus de vous. » Je suis bien incapable de vous dire s'ils se sont sentis mieux après mon discours. Mais moi, oui. J'avais dit ce que j'avais sur le cœur. Ils ont en tout cas senti que d'emblée nos relations allaient être fondées sur la franchise.

Pour finir, voici un point d'histoire glané dans le merveilleux livre de Drina Candilis-Huisman, *Naître et après ?* (Gallimard). Au XVIIIe siècle, Frédéric II de Prusse a fait élever des nourrissons sans contact verbal ou physique pour découvrir de quelle nature était la langue originelle des êtres humains avant que l'action de la civilisation les corrompe ! Son expérience a échoué : les bébés n'ont pas survécu à cette éducation déshumanisante. Sans paroles, l'enfant meurt.

19

JE N'AI PAS L'INSTINCT MATERNEL

Mon livre était fini. J'avais donné le manuscrit à lire à trois amies : l'une d'entre elles attendait son second enfant ; la deuxième hésitait à faire le troisième ; la dernière avait un petit garçon de trois ans et était sur le point de divorcer.

Quelle ne fut pas ma surprise lorsque, leur ayant demandé de me faire part de leurs remarques, toutes les trois me suggérèrent de rédiger un chapitre sur les difficultés des débuts de la relation mère/enfant, et notamment sur la culpabilité que génère ce sentiment de ne pas avoir l'instinct maternel. C'est une angoisse liée plus spécialement à l'arrivée du premier enfant, mais qui peut récidiver !

Je me souviens qu'en regardant Jeremy, le premier jour, dans son petit lit transparent, à l'hôpital de la Pitié-Salpêtrière, je me posais beaucoup de questions, et en particulier celle-ci : « Je ne le connais pas. Vais-je l'aimer ? » Je n'en étais pas sûre. Je suis d'autant plus à l'aise pour évoquer cette interrogation que mon instinct maternel s'est révélé assez clairement dans les jours qui ont suivi. De plus, Jeremy était un petit ange qui, assez rapidement, m'a énormément plu.

Faut-il s'inquiéter ?

Depuis qu'Élisabeth Badinter a écrit *L'Amour en plus* (Flammarion, 1980), les femmes dont la fibre maternelle met du temps à se développer se sentent mieux. « L'amour maternel, écrit-elle, n'est qu'un sentiment humain. Et comme tout sentiment, il est incertain, fragile et imparfait. Contrairement aux idées reçues, il n'est peut-être pas inscrit profondément dans la nature féminine. »
Il n'en reste pas moins que l'indifférence qui peut se manifester après la naissance d'un petit être que l'on est censé adorer est très culpabilisante. Comme l'explique Élisabeth Badinter : « Au fond de nous-mêmes, nous répugnons à penser que l'amour maternel n'est pas indéfectible. Peut-être parce que nous refusons de remettre en cause l'amour absolu de notre mère. »
Même s'il n'y a pas lieu de s'inquiéter, l'absence d'un sentiment fort dans les jours ou les semaines qui suivent la naissance de son bébé est une expérience très traumatisante. **Que puis-je vous dire pour vous aider, pour vous rassurer, sans aligner trop de banalités ?**

• Il faut du temps
Mes trois amies m'ont avoué avoir mis des semaines (et même un an, pour l'une d'entre elles) à ressentir un attachement « fort ». Celle pour qui cela a été le plus long m'a dit qu'aujourd'hui elle était malade si elle restait séparée de sa fille plus de deux jours.

• C'est bon pour le couple
J'y vois au moins ce côté positif. Parfois, c'est si difficile, pour un homme, de quitter une jeune fille et de retrouver

huit jours plus tard une mère! Si vous n'êtes pas très maternelle, vous allez continuer à vivre comme avant : vous sortirez le soir, partirez en week-end ou en voyage en laissant bébé... Il n'y aura pas de rupture, d'avant/après. Et, rassurez-vous : votre bébé ne vous en voudra pas. Car vous vous rattraperez rapidement.

• Les liens se tissent jour après jour

Pensez au Petit Prince de Saint-Exupéry qui demande au renard :

« Qu'est-ce que signifie, apprivoiser?

« — Ça signifie créer des liens.

« — Créer des liens?

« — Bien sûr, dit le renard. Tu n'es encore pour moi qu'un petit garçon tout semblable à cent mille petits garçons. Et je n'ai pas besoin de toi... Mais si tu m'apprivoises, nous aurons besoin l'un de l'autre... Si tu viens à 4 heures de l'après-midi, dès 3 heures je commencerai d'être heureux... »

• Certaines femmes avouent être déçues...

Elles se font une image de l'enfant idéal qui ne correspond pas forcément à la réalité. Pour peu que leur bébé soit un peu trop rouge à la naissance, qu'il pleure beaucoup ou que le père ne soit pas très intéressé, l'image d'Épinal en prend soudain un coup. Elles sont désemparées, déçues. Elles ont l'impression de ne pas aimer leur enfant autant qu'il le faudrait. Il y a un décalage terrible. Mais heureusement...

• On peut toujours rattraper le temps perdu

Vous vous en voulez de ne pas être une bonne mère? Dites-vous qu'il y aura d'autres moments dans la vie où vous ne serez pas une bonne mère. Si nous étions parfaites, ça se saurait ! Mais sachez qu'un jour vous sentirez un déclic. Et ce jour-là, vous compenserez. En parlant beaucoup, en jouant beaucoup, en lisant beaucoup de petits livres, en allant au parc ou au zoo, en poussant la balançoire, au lieu de rester plongée dans vos propres activités... et en y prenant du plaisir.

Et lorsque vous aurez beaucoup donné, quelques mois ou quelques années plus tard, vous raconterez à votre enfant, en rigolant : « Tu te rends compte ? Quand tu es né, je n'étais pas sûre de t'aimer parce que je ne te connaissais pas. C'est incroyable, non ? »

• Il est légitime mais faux de penser que l'on ne pourra jamais aimer le deuxième ou le troisième autant que le premier

C'est vrai, le premier enfant est un miracle. On a l'impression qu'on a tout donné, que la réserve d'amour est épuisée et qu'il n'en reste plus assez pour un autre. On ne sait pas encore que le cœur s'agrandit. Parfois, il faut un peu de temps – quelques semaines, quelques mois peut-être – pour tisser de nouveaux liens.

Et je finirai ce chapitre avec Élisabeth Badinter :
« L'amour maternel n'est pas inné. Il s'acquiert au fil des jours passés avec l'enfant et à l'occasion des soins qu'on lui dispense. »

20

COMMENT COMBATTRE
LE BABY-BLUES

Pourquoi tant de femmes ont-elles le baby-blues ? C'est tout simplement hormonal. Une étude a d'ailleurs prouvé que, si on faisait de la prévention en donnant dans les derniers mois de la grossesse une dose de progestérone, on éviterait une chute traumatisante du taux d'hormones. Mais nous n'en sommes pas encore là : il y a sans doute d'autres priorités dans le domaine médical...

Le baby-blues atteint pratiquement toutes les femmes. Le pic hormonal se situe vers le cinquième jour après la naissance, mais ce sentiment perdure au-delà. Disons que, dans les trois semaines qui suivent, rares sont celles qui ne fondront pas en larmes à un moment ou à un autre, à la maternité ou à la maison. Et, malheureusement, celles qui croient y avoir échappé seront rattrapées un jour ou l'autre par ce coup de cafard inévitable. On voit parfois des femmes « craquer » au bout de deux ou trois mois, voire neuf mois après la naissance, au moment où l'enfant acquiert de l'autonomie. Mais, à ce moment-là, il s'agit d'une véritable dépression, alors que le baby-blues n'en est absolument pas une.

Les causes du baby-blues

Outre la chute hormonale, en voici onze :
- La *fatigue* accumulée à la suite de nuits trop courtes.
- La *douleur physique* liée à l'épisiotomie, aux crevasses ou à la cicatrisation de la césarienne.
- L'*angoisse* provoquée par un bébé qui pleure un peu trop.
- L'*absence d'amour maternel* les premiers jours (voir chapitre 19, p. 149-152).
- La *jaunisse* du bébé, qui doit subir des séances de rayons ultraviolets (30 % des nouveau-nés à terme et la presque totalité des prématurés sont atteints par ce que l'on appelle l'ictère physiologique). Banal, mais très mal vécu par les mères.
- Un *mari perturbé* par le choc de la paternité, qui ne sait plus où est sa place.
- L'*allaitement au sein* qui se fait mal et qui est vécu comme un échec.
- Le fait de trouver que bébé est *laid*, violet, fripé.
- Les *visites* qui se succèdent et qui fatiguent.
- Une *belle-mère* qui ne « décolle » plus.
- L'attitude de sa propre *mère*... Certaines règlent leurs comptes, d'autres, au contraire, en font trop. Rares sont les mères parfaites.

Pendant ce temps, la famille et les amis ne voient qu'une Madone à l'Enfant. Vous êtes censée connaître le bonheur suprême : comment peut-on pleurer dans un moment si merveilleux ?

Mais on pleure. Alors, que faire ? Attendre tout simplement que ça passe. Car cela va passer.

Sept conseils de « pro »

Après la naissance des jumeaux, j'ai écrit dans *Elle* un article intitulé « **Comment ne pas déprimer après la naissance?** » Je donnais des « trucs » qui sont le fruit de mon expérience. Bien sûr, il est préférable de s'organiser avant l'accouchement. C'est plus rassurant. Mais si vous ne l'avez pas fait, il est encore temps de réagir. **Voici mes recommandations**.

• **À la clinique ou à l'hôpital**
– **N'hésitez pas à donner des rendez-vous précis à vos visiteurs** pour ne pas avoir trop de monde en même temps dans la chambre. C'est épuisant.
– **Ne recevez pas trop de visites les premiers jours.** Préférez la formule : «Tu viendras me voir à la maison. »
– **Si vous n'allaitez pas et que les puéricultrices acceptent de garder votre bébé la nuit, profitez-en!** Il faut vous ménager. Offrez-vous une ou deux nuits de 6 heures. Laissez le bébé dans la nursery.
– **Restez le plus longtemps possible à la maternité.** Il faut prendre des forces pour le retour à la maison.

• **À la maison**
– **Faites votre marché sur Internet et faites-vous livrer.** Après l'accouchement, les courses entre deux tétées virent assez vite au cauchemar. Et les journées passent si vite (surtout si l'on nourrit bébé sept fois par vingt-quatre heures) qu'on ne s'aperçoit qu'en fin de journée que le réfrigérateur est vide.
– **Ne restez pas en tenue de nuit trop longtemps dans la journée.** Les heures filent et on a à peine le temps de

prendre une douche : c'est assez déprimant. Essayez tout de même de vous habiller avant midi !

– **Organisez-vous pour sortir un soir assez rapidement après le retour de la maternité.** Faites garder bébé et, si vous l'allaitez, faites-lui donner un biberon pour cette fois. Ça a l'air bête, mais le premier dîner chez des copains, le premier cinéma, le premier resto paraissent une vraie fête. Vous êtes frustrée de sorties depuis au moins deux semaines (peut-être des mois, si vous étiez couchée à la fin de votre grossesse). Il faut vous aérer la tête. C'est important pour le moral.

Trois bons « trucs » avant la naissance

Si vous lisez ce livre à la fin de votre grossesse, voici trois bons « trucs » – vécus – pour vous aider :
– Un mois avant la naissance, **offrez-vous une bonne coupe de cheveux.** Comme ça, si bébé arrive avant terme, vous serez prête. Il faut tout faire pour ne pas se sentir moche à la maternité.
– Durant les derniers mois de la grossesse, **faites quelques séances d'acupuncture ou de shiatsu** pour mieux dormir, pour lutter contre les allergies (fréquentes lorsqu'on est enceinte) ou contre les problèmes de circulation sanguine, et pour vous donner de l'énergie en fin de parcours.
– **Pratiquez une gym douce** cinq à dix minutes par jour, sans forcer sur les abdominaux. Le mouvement à quatre pattes dos rond/dos cambré est excellent. À la fin de la grossesse, il vaut mieux remplacer la gym par deux ou trois séances de massage à domicile, si on peut se l'offrir. Délicieux... Après un accouchement, on

a souvent mal au dos. C'est pourquoi il faut penser à le muscler avant la naissance ou, encore mieux, avant la conception !

Le retour à la maison

Quand on rentre à la maison, il faut accepter :
– **De ne pas pouvoir rentrer dans ses vêtements d'avant la grossesse.** Vous serez obligée de remettre vos affaires de femme enceinte pendant quelques jours, voire quelques semaines, et ça, c'est terriblement déprimant. Il vaut mieux le savoir.
– **Que l'aîné ou les aînés soient jaloux du bébé**, même s'ils ne le manifestent pas. Arrangez-vous pour faire donner un ou deux biberons au bébé par votre compagnon, votre mère ou votre belle-mère et profitez-en pour effectuer une sortie avec l'aîné en tête à tête. Que vous ayez pu « planter » comme ça votre nouveau-né lui procurera un grand réconfort – et vous déculpabilisera immédiatement.
– **De ne pas retrouver la sexualité d'« avant ».** Il a peur de vous faire mal. Vous n'en avez pas très envie. Les cicatrices, le lait qui coule : tout cela n'est pas très engageant. Conseil : il faut laisser passer quelques jours sans en faire une montagne. Si l'abstinence perdure plus d'un mois, essayez de vous retrouver avec des caresses et, surtout, ne laissez pas s'installer un malentendu du genre : « Après la naissance, cela n'a plus jamais été comme avant. »

Bon. Vous avez l'impression que je suis formidable, que je suis une reine de l'organisation. Que, forcément, ce ne sera pas pareil pour vous et que c'est normal que je n'aie pas eu de baby-blues, avec toutes ces bonnes idées. Eh bien, vous avez tout faux. Car, moi aussi, j'ai eu ma crise de larmes après chaque naissance – même la dernière fois, malgré tous mes préparatifs. Je n'y ai pas échappé. Réconfortant, non ?

21

LES PÈRES DU XXIᵉ SIÈCLE

En 2002 a été votée une loi offrant aux pères la possibilité de bénéficier d'un congé de paternité de onze jours après la naissance de leur enfant. Dix ans plus tard, on estime que deux pères sur trois en profitent pleinement. Depuis novembre 2012, les homosexuels aussi ont le droit de prendre ce congé de paternité.

Quel chemin parcouru !

Mon père, né en 1905, me racontait qu'à la naissance de son premier enfant, en 1933, la nounou lui avait interdit de prendre son bébé dans les bras pendant toute sa première année. Il m'avait avoué avec émotion son bonheur de pouvoir nous porter, ma sœur (née en 1944) et moi (née en 1951). Bien sûr, il n'a jamais donné un biberon, jamais changé une couche, jamais promené ses filles dans le landau ou la poussette. Je l'entends encore dire à la cantonade : « L'éducation des enfants, c'est le travail des mères. »

Alors, que s'est-il passé ?

Au début du XXᵉ siècle, peu à peu, la nourrice (à la campagne ou à domicile) disparaît. Le bébé reste à la maison, le plus souvent allaité par sa mère. Les hommes et les femmes ont encore chacun leur territoire : le petit enfant est entièrement sous la responsabilité de la mère. Mais le père est de plus en plus présent, concerné et attentif.

1967 : l'arrivée de la pilule permet aux femmes de programmer leurs maternités. Le travail des femmes se généralise. Le partage des tâches commence.

Dans les années 1970-1980, on voit des hommes assister à l'accouchement, donner le biberon, changer le bébé, le promener dans sa poussette, et même dans le porte-bébé. Incroyable ! Mon père, qui a soixante-quinze ans, n'en croit pas ses yeux.

En 2011, à la naissance de leur fils Marius, mon amie Lauren et son compagnon Christophe ont alterné un jour sur deux les biberons de nuit puis, jusqu'à un an, le premier biberon du matin. Égalité totale.

Il faut aller sur le site jeunepapa.com pour comprendre ce qu'est un père aujourd'hui. Sur la page d'accueil, les articles les plus lus sont : « Se sentir inutile », « Les sept peurs du jeune papa », « Pères de bébés allaités », « Ces pleurs qui vous rendent fou », « Vous vous sentez exclu » et « Comment rester un homme ? ». Eh oui, les pères aussi ont leurs problèmes. Mais avant de donner quelques conseils, je voudrais commencer ce chapitre par une note positive en retranscrivant les propos ensoleillés de mon fils Jeremy, trente-six ans, père de Maxélie, onze ans, et de Zacharie, sept ans, mes petits-fils.

« Moi, je ne me suis jamais senti exclu. Nous étions jeunes (vingt-cinq et vingt-six ans), et on savait aussi peu de choses l'un que l'autre. J'avais assisté à l'accouchement, que j'avais trouvé dégueulasse et sublime, sans que cela modifie "l'image" que j'avais de ma femme. Au retour, on était tous les trois ensemble dans le lit. Elle allaitait, ce qui est quand même très pratique ! Je me réveillais quand il y avait la tétée, je trouvais ça magnifique. Parfois, elle tirait son lait et préparait des biberons. Je donnais pas mal de biberons. Le côté vache laitière ? Pas gênant, si on valorise notre côté cow-boy ! J'étais tellement content d'être papa, d'être important. Je ne me sentais pas à la traîne : on était tous les deux sur la ligne de départ. »

Bon, c'est rassurant : il y a aussi des papas heureux.

5 conseils aux mères

– **Faites confiance au père et proposez-lui très vite de vous aider avec le bébé.** S'il se sent exclu, cela va immédiatement le remettre dans le coup. Et vous, ça vous permettra de récupérer ou de dormir – bref d'être moins déprimée.

– **Ne le critiquez pas s'il fait mal les choses.** Ça n'a aucune importance que la couche soit mal mise, que le biberon soit donné trop vite ou trop lentement, que le pyjama soit boutonné de travers, que le papa ait oublié de mettre de la crème sur les fesses rouges ou qu'il laisse pleurer le bébé un peu trop longtemps à votre goût. Tout ça n'est pas grave. Restez cool. C'est bien qu'il soit motivé, intéressé, concerné. Il crée un lien fort avec son enfant.

– **Ayez des gestes tendres envers lui.** Il est très dérouté de voir que toute votre tendresse va vers le bébé et que vous n'êtes plus très intéressée par lui. Même si vous n'en avez pas tellement envie, il faut, comme je le disais dans le chapitre 20, essayer à tout prix de retrouver une certaine sensualité. Ce n'est pas politiquement correct, je sais, mais ça marche.

– **Arrangez-vous pour avoir quelque chose à faire et laissez-lui le bébé une après-midi entière.** C'est très important, pour qu'il puisse créer un lien, qu'il soit responsable tout seul de l'enfant. Non pas un quart d'heure ou une demi-heure, mais deux ou trois bonnes heures. Préparez un biberon si vous allaitez et allez prendre l'air.

– **Ne soyez pas triste et ne vous fâchez pas si votre compagnon ne s'occupe pas beaucoup du bébé.** N'en faites pas une histoire. Évitez des conflits usants, destructeurs, fatigants et qui n'aboutissent à rien. Essayez de comprendre qu'un homme dans cette situation peut se sentir exclu, qu'il peut ne pas être intéressé par un nourrisson, que ce n'est pas grave : il aura tout le temps de se rattraper. Un beau jour, il sera fou de sa fille ou de son fils. C'est sûr.

5 conseils aux pères

– **Ayez confiance.**
– **Essayez de soulager votre compagne car elle est épuisée, donc irritable.** Proposez-lui d'aller faire les courses, de passer l'aspirateur, d'emmener bébé en promenade dans sa poussette ou dans le porte-bébé, de préparer le repas (une salade de tomates ou des pâtes, si vous ne savez pas cuisiner), de donner un biberon la nuit...
– **Proposez-lui de l'emmener au restaurant pas loin de chez vous**, pendant une heure ou deux, en laissant le bébé à quelqu'un de confiance. La première sortie est une étape difficile. Pour la mère, laisser son bébé à quelqu'un paraît souvent impossible, sachez-le. Elle ne pourra peut-être le faire qu'au bout de trois, quatre ou cinq semaines. Mais ça lui fera du bien. Et si elle ne veut absolument pas confier le bébé, emmenez-le au restaurant dans sa poussette.
– **Sachez que les douleurs liées à la cicatrisation de l'épisiotomie peuvent durer des semaines.** En moyenne, les femmes ont mal durant trois semaines/un mois. C'est

donc le moment de retrouver ou de découvrir le plaisir des caresses...

– **Si votre enfant pleure beaucoup et que vous ne le supportez plus,** sortez de la maison : allez faire du vélo avec un copain, mais dites à votre compagne que vous rapporterez des sushis pour le dîner ou proposez-lui d'emmener l'aîné en balade une journée entière. Bref, échappez-vous mais soyez sympa.

22

DORMIR AVEC BÉBÉ :
RÉVOLUTION OU MODE ?

Aujourd'hui le « maternage proximal » est à la mode. On porte les bébés dans des écharpes pour favoriser le corps à corps et le peau à peau, on les touche, on les masse. Et on dort avec eux dans le grand lit. On appelle ça le co-sleeping ou cododo. Est-ce une mode ?

Il y a quelques années, deux journalistes de *Elle*, Marie-Françoise Colombani et Ursula Gauthier, sont parties en reportage pendant trois semaines en Chine. Elles en ont rapporté l'interview passionnante d'une jeune femme de trente-deux ans, Wang Guihua, directrice d'une agence de mannequins à Pékin. Dans l'article, cette jeune mère d'un enfant d'un an expliquait : « J'ai dormi pendant un an avec mon bébé dans mon lit, comme le font toutes les Chinoises. Ainsi, les bébés ne pleurent jamais. » Elle ajoutait que son mari, lui, avait dormi dans le salon, sur un divan, pendant un an. Autre culture, autres mœurs...

C'est en 1986 qu'a été publié le livre *The Family Bed* : Tine Thevenin, une ancienne animatrice de la Leche League (voir p. 79-80), évoquait l'idée que l'enfant devrait partager le lit conjugal jusqu'à ce qu'il réclame lui-même sa chambre, vers deux, trois ou quatre ans !!! On sourit... N'empêche que l'idée a fait son chemin.

Il y a une dizaine d'années, on lisait en une du magazine *Psychologies* : « Le nouveau débat : dormir avec son bébé »

L'avis des spécialistes

Dans une interview[1], la pédiatre **Edwige Antier** prend, de façon assez pragmatique, la défense du cododo. Selon elle, si on ne couvre pas bébé et qu'on le met bien à plat, on peut le prendre dans le grand lit. « Dans les autres cultures, sur les deux tiers de la planète, les femmes dorment avec leur bébé », ajoute-t-elle.

Marie Thirion, auteur de *L'Allaitement*, m'a dit quant à elle : « Il y a vingt ans, j'aurais été violemment contre le fait de faire dormir bébé dans le lit des parents. Mais j'ai évolué. Et aujourd'hui, je dis : si la mère allaite, pourquoi ne garderait-elle pas son bébé dans son lit jusqu'à ce qu'il ait deux mois ? À une condition : que le père soit d'accord. »

Dans l'édition 2012 de *J'élève mon enfant*, de **Laurence Pernoud**, il est dit clairement : « Cette méthode est pratiquée par beaucoup, surtout outre-mer et au Japon, et déconseillée par le corps médical. Il semble que, dans le lit des parents, le nouveau-né risque un peu plus l'étouffement et l'hyperthermie. Et le lit parental comporte couette et oreillers, déconseillés dans le lit du nourrisson. »

Il y a quelques années, j'avais rencontré Élisabeth Chapuis, psychologue et auteur d'une thèse sur l'intelligence du nouveau-né. Son discours était lumineux : « Personnellement, je suis contre cette méthode pour plusieurs raisons

---

1. Qu'on peut consulter en cherchant « Edwige Antier co-sleeping » sur Internet.

[...] il faudra bien un jour que la mère se sépare de son enfant. Elle ne peut pas vivre en symbiose avec lui. Et plus elle le fera tard, plus ce sera dur pour l'enfant. C'est reculer pour mieux sauter. D'autre part, on évoque souvent certaines femmes africaines qui couchent à même le sol avec leur bébé. Mais n'oublions pas qu'en Afrique la polygamie est largement répandue. Tant que la mère dort avec son enfant, l'homme n'est pas là. Il est avec une autre épouse. Dans notre civilisation, l'homme retrouve sa femme après la naissance. Il faut en tenir compte. »

Il faut lire à ce sujet, dans le merveilleux petit livre *Naître et après ?*, de Drina Candilis-Huisman, les propos de l'ethnologue Marcel Mauss : « L'humanité peut assez bien se diviser en gens à berceaux et gens sans berceaux. La civilisation du berceau concerne les peuples de l'hémisphère nord. En Afrique, le bébé est posé à même le sol, en corps à corps avec les adultes. Le couchage européen s'est toujours distingué par un espace clos spécifique. » En un mot, en Europe, depuis des siècles, bébé a toujours eu son berceau. Il ne dort pas dans le lit des parents.

D'ailleurs, dès le ve siècle, l'Église a interdit aux femmes de dormir avec leurs bébés car elle y voyait un danger d'infanticide par étouffement des nourrissons.

Pour finir, je reprendrai les propos de la psychanalyste **Claude Halmos** dans *Grandir* (Fayard, 2009) : « Grandir implique de savoir qui l'on est, de "s'individualiser". Or trop de "corps à corps" avec les adultes empêche l'enfant d'acquérir une conscience claire de sa personne : "Moi, c'est moi et toi, c'est toi." L'enfant doit savoir quelle est sa place. Le *family bed* mélange les places et les générations et fait peu de cas de l'interdit de l'inceste. Tout cela est d'autant plus grave que, par le biais du *family* *bed*, les enfants sont faits otages de la sexualité de leurs parents, ils y participent. Soit parce que des relations sexuelles ont lieu dans le lit, quand ils dorment. Soit parce que la présence des enfants est, pour les parents, un alibi pour se passer d'une sexualité devenue insatis-faisante. Soit parce que les parents, faisant fonctionner l'enfant comme "celui dont il faut se cacher", attendent de l'avoir installé dans leur lit pour aller vivre leur sexualité dans une autre pièce. L'enfant fait alors clairement par-tie du scénario érotique de ses parents. Certains parents ne s'en cachent d'ailleurs pas. Annonçant le *family bed* comme un "renouvellement érotique". Idée qui laisse rêveur si l'on se rappelle que les jeux sexuels des enfants se font en général en cachette de leurs parents. »

... Et mes conclusions

Le petit Chinois ou le petit Africain qui dort avec sa mère, quelle image de rêve ! Le bébé ne pleure jamais. Et n'est-ce pas exactement ce que nous recherchons toutes, un bébé qui ne pleure pas ? Mais le corps médical est contre le cododo, les psys aussi. Alors, on fait quoi ?
Personnellement, je peux comprendre que, parfois, après une tétée, vous vous endormiez avec votre bébé dans le lit. Je trouve normal que vous n'ayez pas toujours le cou-rage de vous relever pour coucher votre bébé dans son couffin. Mais il vaudrait mieux avoir le berceau à côté de votre lit et, si possible, y poser bébé après la tétée. Si vous vous endormez un jour avec lui dans votre lit – ça arrive très fréquemment ! –, sachez tout de même que ce n'est pas un drame.

• Le co-sleeping est déconseillé par les médecins

À la maternité, on vous recommande de ne mettre ni oreiller, ni couette, ni couverture dans le berceau de votre enfant. Une pratique qui a fait diminuer de façon spectaculaire le nombre de morts subites du nourrisson (250 morts en 2011 contre 1 464 en 1991). Dormir avec bébé dans le grand lit, c'est le faire dormir sous votre couette : il aura trop chaud, c'est sûr. Un chiffre édifiant : **50 % des morts subites du nourrisson sont attribuées au co-sleeping.** Mieux vaut adopter le *room-sharing*, c'est-à-dire mettre l'enfant dans votre chambre, le berceau placé à côté du grand lit. Une campagne d'affichage américaine de novembre 2011 mettait en garde contre les risques du co-sleeping. C'est une pratique très encouragée par les partisans du maternage et de l'allaitement, mais déconseillée par les médecins.

• Pensez aussi à votre couple...

N'oubliez pas que l'arrivée de bébé constitue un tremblement de terre dans votre vie. Vous étiez deux, et voici qu'une troisième personne que vous ne connaissez pas est venue s'installer chez vous. Si vous, la mère, avez un désir de fusion totale, ce n'est peut-être pas le cas du père de l'enfant. Il faut un peu penser à lui. Nous n'avons pas la même culture, les mêmes mœurs ni les mêmes comportements que les Chinoises ou les Africaines. Dans les sociétés primitives[1], le père quittait la femme qui avait accouché et s'en allait pendant un an. En Occident, particulièrement au XXIe siècle, le père vit avec la mère. Il est monogame. Et extrêmement présent à la maison.

---

1. Voir *Mœurs et sexualité en Océanie*, de Margaret Mead (Pocket, 2001).

Vous avez toute la journée pour vivre en osmose avec votre enfant. La nuit, réservez donc un espace-temps pour le couple. Au retour de la maternité, ce sera peut-être difficile pour vous. Éventuellement, gardez le berceau les premiers jours dans votre chambre. Mais, dès la fin du premier mois, couchez bébé dans sa chambre. Et, s'il n'a pas de chambre (parce que vous vivez dans un studio), mettez-le derrière un paravent ou dans l'entrée. Il dormira mieux et vous aussi.

Dites-vous bien que ce n'est pas parce que vous ne consacrez pas chaque minute de votre vie à votre enfant que vous êtes égoïste.

Et pensez à cette phrase de Chantal de Truchis dans *L'Éveil de votre enfant* (Albin Michel) : « Le petit enfant a besoin d'espace, prenez le vôtre, soyez aussi un peu à distance. Qu'il ne soit pas l'unique objet de votre intérêt. Pensez donc à sortir pour vous-même, ne négligez pas votre relation de couple, votre bébé mangera – et dormira – mieux. »

On est passé d'un extrême à l'autre : avant le XXᵉ siècle, on ne créait pas de liens forts avec l'enfant, sans doute par peur de s'attacher, tant la mortalité infantile était élevée. Comme nous l'avons vu, on plaçait les bébés en nourrice à la campagne, on ne parlait pas avec ses enfants et il arrivait qu'on les mette en pension dès l'âge de sept ans. Aujourd'hui, c'est la fusion. Il faudrait arriver à un juste milieu. Il faut respecter les enfants mais il ne faut pas qu'ils envahissent nos vies. La quadrature du cercle ? Sans doute. Mais essayons tout de même...

ANNEXES

Annexe I

LES SYMPTÔMES INQUIÉTANTS

Pour une jeune mère – pour les moins jeunes aussi, rassurez-vous –, il est très difficile d'évaluer correctement la gravité de l'état d'un nouveau-né. On s'inquiète souvent à tort. En revanche, on peut laisser passer des symptômes qui devraient nous faire réagir rapidement. Je vais tâcher, ici, d'être efficace et de bien vous diriger.

Il existe des situations où il faut consulter rapidement :

– Soit l'urgence paraît telle qu'on appelle le Samu ou les pompiers.

– Soit on estime qu'on a le temps de se rendre aux urgences d'un hôpital mais on appelle quand même son pédiatre avant, au cas où on évaluerait mal la situation.

– Soit on appelle son pédiatre, si le problème intervient pendant la semaine. Hélas, je suis bien placée pour savoir – et mes amies aussi – que c'est le plus souvent pendant le week-end ou la nuit que les enfants tombent malades.

Mais dans tous les cas, il y a une règle d'or : on ne fait pas d'automédication avec un nouveau-né.

Quels sont les symptômes préoccupants ?

1. Bébé change de couleur

Il devient bleu ou gris. Ses lèvres – et surtout leur pourtour – deviennent bleues, cyanosées.
Appelez immédiatement les pompiers ou le Samu.
Attention ! Parfois, les nourrissons n'ont pas une bonne circulation veineuse. Les pieds et les mains deviennent facilement violets. C'est un phénomène normal. Pour faire la différence, massez les pieds et les mains, gardez-les dans vos mains. Normalement, ils reprennent en quelques minutes une couleur rosée. En revanche, si les lèvres sont violettes, faites le 15 ou le 18.

2. Bébé a plus de 38 °C de fièvre

Appelez d'abord le pédiatre. S'il n'est pas là, allez directement à l'hôpital le plus proche ou appelez les urgences médicales.
Certaines mères un peu angoissées prennent la température de bébé à chaque change. Attention : un bébé n'est pas un malade. Il ne faut prendre sa température qu'en cas de doute. Surtout pas à chaque change ! Même une fois par jour, c'est trop. C'est surtout inutile.
Mais alors, comment savoir qu'un nouveau-né a de la fièvre ?
Il présente des symptômes qui mettent en alerte : il n'a pas d'appétit, il geint, il ne se calme pas dans vos bras, ses yeux sont un peu rouges, il respire vite… Notez qu'un bébé qui a de la fièvre ne pleure pas fort.
Chez un bébé de moins d'un mois, une fièvre supérieure à 38 °C est inquiétante et nécessite en général une consultation immédiate. Cependant, si l'enfant a l'air de se porter

comme un charme et était manifestement trop couvert, découvrez-le puis reprenez sa température au bout d'une demi-heure avant de vous rendre chez le médecin.

Si votre pédiatre n'est pas là, allez aux urgences d'un hôpital pour enfants (à Paris, vous avez le choix entre Necker, Trousseau et Robert-Debré) ou du CHU le plus proche de chez vous, si vous vivez en province (voir annexe IV, p. 185-187).

Une fièvre peut être, par exemple, le symptôme d'une infection urinaire – un problème assez fréquent chez les nouveau-nés, surtout chez les filles. Ça ne présente aucun caractère de gravité mais il faut traiter l'enfant immédiatement.

Bon à savoir : Colette, la puéricultrice, quarante ans de métier, près de trois cents bébés à son actif, n'a constaté, chez aucun d'entre eux, de poussée de fièvre le premier mois. En un mot, pas de panique. C'est rare.

3. Bébé a la diarrhée pendant vingt-quatre heures

Appelez le pédiatre ou allez à l'hôpital, si c'est la nuit ou le week-end.

La vraie diarrhée se caractérise par des selles plus liquides et plus fréquentes que d'habitude. Verdâtres, glaireuses ou fétides, elles sont présentes à chaque fois que vous changez les couches, pendant vingt-quatre heures. Attention, je parle d'un enfant nourri au biberon : si vous le nourrissez au sein, votre bébé aura toujours des selles jaunes très molles. C'est normal.

Dans les livres de puériculture, il est souvent indiqué qu'il ne faut se faire du souci qu'en cas de perte de poids. Or, ce n'est pas facile à savoir, si on n'a pas de pèse-bébé à la maison. Mais si cette diarrhée s'accompagne de vomissements répétés (deux ou trois), alors il faut consulter immédiatement.

La difficulté est de savoir à quel moment il faut s'inquiéter. Par exemple, je le répète, lorsqu'on allaite, les selles sont très molles et on peut croire à tort qu'il s'agit de diarrhée. Lorsque des selles liquides alternent avec des selles molles, il ne s'agit pas non plus de diarrhée.

On doit vraiment s'inquiéter lorsque les selles sont liquides à chaque change, lorsque la diarrhée dure toute une journée et lorsque bébé vomit deux ou trois biberons à la suite.

Un enfant qui subit une forte diarrhée, accompagnée ou non de vomissements, se déshydrate assez rapidement. Je me souviens de ce week-end où Raphaël et Hadrien, alors âgés d'un an, étaient malades : diarrhée, peu d'appétit, un vomissement. Pendant tout le week-end, j'ai essayé en vain de leur donner des carottes et du riz (qu'ils recrachaient), ou des petits pots à la pomme et aux coings (dont ils ne prenaient qu'une bouchée). Comme je ne panique pas facilement, je décidai d'attendre le lundi matin et de joindre mon pédiatre. Quelle ne fut pas ma surprise lorsque, ce lundi matin, je découvris mes petits allongés dans leur lit. Impossible de les asseoir. Ils relevaient difficilement la tête. Ils étaient tout mous. Je téléphonai immédiatement au pédiatre, qui me suggéra de leur donner un liquide de réhydratation nommé Adiaril. Ils burent quatre biberons pleins dans l'après-midi et retrouvèrent leurs forces.

Attention : si votre bébé a moins d'un mois, ne faites surtout pas comme moi. N'attendez pas ! Un nouveau-né

peut se déshydrater très rapidement. S'il vomit ses biberons, s'il n'arrive pas à avaler le soluté de réhydratation,
si la diarrhée devient de l'eau (c'est-à-dire s'il n'y a donc
plus de matières fécales), si la fontanelle se creuse, si les
yeux se cernent, faites le 15 (ou foncez à l'hôpital s'il est
près de chez vous). Dans ces cas-là, bébé doit être mis
immédiatement sous perfusion.

Il faut toujours avoir chez soi un soluté de réhydratation.
Car, en cas de forte diarrhée, il faut avant tout éviter la
déshydratation en proposant ce liquide de réhydratation, puis voir avec votre pédiatre s'il faut changer de lait.
Mais si bébé a moins d'un mois, même si vous avez du
soluté de réhydratation chez vous, consultez très rapidement. Si vous ne parvenez pas à joindre votre pédiatre,
si vous vous trouvez loin d'un hôpital ou si vous êtes en
vacances, sachez que les solutés de réhydratation type
Adiaril sont indispensables et que les laits sans protéines
de lait de vache comme Pepti-Junior, Alfaré et Diargal,
peuvent soigner la diarrhée.

4. Bébé n'arrête pas de pleurer

Il est évident qu'il ne faut pas confondre un bébé bien portant qui a l'habitude de pleurer souvent avec un bébé qui
pleure anormalement. Que signifie « anormalement » ? Il
s'agit du nourrisson qui pleure même lorsqu'il se trouve
dans vos bras, qui continue à pleurer pendant les biberons et après les biberons, qui ne trouve pas le sommeil
entre deux biberons (rappelons qu'entre 18 et 21 heures,
il est normal que bébé pleure) et qui se réveille en sur-
saut en pleurant très fort tout d'un coup. Avant de vous
inquiéter, assurez-vous que bébé est assez nourri. Peut-

être a-t-il un gros appétit. Il faut augmenter ses rations... et voir. S'il continue à pleurer sans cesse, alors il faut le montrer à votre pédiatre.

5. Bébé a un panaris

Si une petite peau de l'ongle a été arrachée volontairement ou involontairement, il peut se produire une rougeur. N'hésitez pas à appliquer un antiseptique (celui qu'on vous a prescrit pour les soins du cordon). Si vous constatez que la rougeur s'étend, demandez conseil au pédiatre car il peut y avoir un début d'infection et, chez un nourrisson, les infections se propagent très vite.
J'ai connu cela avec Alexandre. Le lendemain de mon retour de la maternité, en quelques heures, son petit doigt est devenu rouge puis violet, jusqu'à la première puis la deuxième phalange. Nous l'avons aussitôt emmené aux urgences de l'hôpital Saint-Vincent-de-Paul, où un prélèvement a révélé la présence d'un staphylocoque ! Une bonne dose d'antibiotiques a eu raison de ce panaris, qui était en train de dégénérer en infection généralisée. Il est vrai que, dans certains cas, il faut agir vite. Heureusement, les véritables panaris sont plutôt rares. À savoir : afin de minimiser le risque de panaris, évitez de couper les ongles de votre bébé avant le trentième jour.

Annexe II

LES FAUSSES ANGOISSES

1. La constipation

Un bébé nourri au biberon peut ne pas avoir de selles pendant quarante-huit heures. Cela n'inquiète absolument pas les médecins mais ça préoccupe énormément les mères. Si le nouveau-né émet des petites billes un peu dures, elles ont tendance à paniquer. Il n'y a pourtant pas de quoi, car il existe un remède souverain que j'ai utilisé pour tous mes bébés : le biberon à l'eau Hépar. Selon l'état de constipation de votre enfant, vous préparerez un biberon entier ou un demi-biberon avec cette eau. Si vous ne la trouvez pas dans tous les supermarchés, sachez qu'elle est en vente dans les pharmacies.

Myriam Costa, pédiatre, attachée à la PMI Port-Royal de l'hôpital Cochin, n'a jamais vu de cas d'occlusion intestinale de nouveau-né pendant les dix ans qu'elle a passés aux urgences de l'hôpital Saint-Vincent-de-Paul. « C'est une pathologie extrêmement rare, explique-t-elle, pourtant c'est un sujet d'inquiétude très fréquent chez les mères. Je leur recommande surtout de ne pas mettre de suppositoires de glycérine pour faire venir les selles. Ceux-ci irritent les muqueuses et peuvent même créer des lésions qui font beaucoup souffrir l'enfant. Il vaut mieux essayer l'eau Hépar. »

2. Les vomissements

Quand faut-il s'inquiéter ? Sûrement pas au premier vomissement. Un bébé peut recracher tout son biberon en gerbe – parfois par le nez –, se trouver soulagé et dormir tout son soûl jusqu'au prochain biberon. Classique. L'un de mes jumeaux, Raphaël, vomissait son biberon, en jet, environ une fois par semaine. C'est assez impressionnant...

Autre chose sont les vomissements répétés. J'entends par là soit deux ou trois biberons d'affilée recrachés intégralement, soit un sur deux pendant vingt-quatre heures. Dans ce cas, il faut appeler votre pédiatre. Si cela se produit en soirée ou pendant la nuit et que votre bébé n'a pas de diarrhée associée, mieux vaut attendre le lendemain matin l'avis de votre pédiatre par téléphone plutôt que d'appeler les urgences médicales. En règle générale, vous avez le temps.

S'il s'agit d'un reflux gastro-œsophagien, votre médecin vous prescrira un traitement (voir chapitre 17, p. 143). Si c'est une sténose du pylore (voir également le chapitre 17), il fera le diagnostic par échographie. Si vous êtes vraiment inquiète, parlez-en à votre pédiatre avant le rendez-vous du vingt et unième jour.

Les vomissements disparaissent ou s'atténuent très souvent à la fin du premier mois.

Dernier point : il ne faut pas confondre vomir et recracher. Comme je l'ai déjà dit, beaucoup de bébés rejettent un petit crachat de lait une demi-heure ou une heure, voire deux heures, après le biberon. Ce sont des bébés cracheurs.

Annexe III

CE QU'IL FAUT ACHETER
AVANT LA NAISSANCE

Pour bébé

La plupart des livres de puériculture vous proposent des listes de vêtements et d'accessoires à acheter avant la naissance. Voici, d'après mon expérience, ce qui me semble nécessaire.

1. Les vêtements

À moins qu'on ne vous ait dit, lorsque vous avez fait la dernière échographie, que votre bébé était petit (moins de 3 kg), achetez très peu de vêtements de taille « naissance » et peu de vêtements de taille « un mois ». Vous ne les utiliserez pas plus de quinze jours. Et si votre bébé pèse plus de 3,5 kg, vous passerez très rapidement à la taille trois mois. Donc je vous conseille d'acheter :
– 4 bodys et 3 pyjamas taille un mois ;
– 6 bodys et 4 pyjamas taille trois mois ;
– 3 paires de chaussettes ;
– 1 bonnet pour la sortie de la maternité et 2 turbulettes (pour en avoir une de rechange si bébé régurgite dans son lit) ;

– 2 petits gilets boutonnés devant en laine pour l'hiver, en laine et synthétique pour les demi-saisons et en coton pour l'été;
– 1 serviette de bain avec capuchon.

Et surtout pas de vêtements qui s'enfilent par la tête, ni de manches serrées!

2. Le nécessaire de toilette

– 1 thermomètre de bain;
– 1 thermomètre pour le bébé (plutôt par voie rectale, à bout souple);
– 1 savon surgras pour bébé;
– 1 lait de toilette;
– des cotons doux prédécoupés;
– de l'éosine aqueuse et de la crème à l'oxyde de zinc pour les fesses rouges;
– de la Biseptine et des compresses stériles pour le soin du cordon;
– des petites doses de sérum physiologique pour nettoyer les yeux;
– 1 petite brosse à cheveux en soie douce;
– 1 paire de ciseaux pour les ongles, qui poussent très vite (attention : il ne faut pas couper avant le trentième jour : voir p. 178);
– et, bien sûr, 1 ou 2 paquets de couches.

Pour vous

À emporter à la maternité :
– 1 serviette et 1 gant de toilette;
– des culottes en papier ou en filet et des protections hygiéniques spéciales, à acheter en pharmacie;

- 2 soutiens-gorge d'allaitement et des coussinets d'allaitement ;
- 1 trousse de toilette : savon, dentifrice, brosse à dents, déodorant, eau de toilette, Kleenex, bombe d'eau d'Évian, shampooing sec, shampooing liquide ;
- 1 robe de chambre et des pantoufles.

Le matériel de puériculture

Il y a deux catégories d'accessoires : ceux qui sont indispensables et... les autres.

1. Les indispensables
– **Une poussette « trois en un » qui fait office de couffin, cosy, landau, coque de voiture puis simple poussette.** C'est un basique. On en trouve à partir de 300 euros mais le prix moyen est de 500 euros environ. Il y a aussi des « Rolls » – compter alors dans les 800 euros –, avec capote et nid d'ange. C'est un investissement mais vous la garderez de la naissance jusqu'aux quatre ans de votre enfant.
– **Le lit à barreaux.** Il servira trois ans : achetez de la bonne qualité. Et choisissez-en un qui a une position haute pour le nouveau-né, et une position basse pour le petit enfant. Les prix varient de 80 euros à 300 euros.
– **Le siège-auto.** Indispensable. Nacelle ou coque ? Vous n'avez besoin d'une nacelle dans laquelle le nourrisson peut être allongé que si vous faites un très long trajet. La nacelle ne sert que deux mois. Pour des petits trajets de deux heures, la coque vendue avec la poussette est suffisante et vous servira jusqu'à ce que l'enfant ait un an/un an et demi. Après quoi, vous passerez au vrai siège auto.

– **La petite baignoire, nécessaire si vous n'avez qu'une douche.** Elle vous servira pendant quatre mois et coûte environ 25 euros. Sinon, vous pouvez acheter un petit transat de bain que vous installerez dans votre grande baignoire.

– **Le porte-bébé, le sac à bébé ou l'écharpe de portage.** C'est indispensable. De 40 à 80 euros.

– **Un tire-lait** si vous allaitez.

– **Le petit transat** que vous baladerez de pièce en pièce avec vous. Indispensable si le bébé a tendance à régurgiter pour le maintenir en position verticale.

2. Vous hésitez à acheter...

– **un berceau ?** Oui, c'est très cher, très beau et on ne l'utilise que jusqu'à quatre mois.

– **un couffin ?** On ne l'utilise qu'un mois. Le cosy de la poussette, c'est aussi bien.

– **une table à langer ?** Un petit matelas en plastique que vous poserez sur une table ou sur une commode fera aussi bien l'affaire.

Annexe IV

URGENCES PÉDIATRIQUES

Avant de vous précipiter aux urgences des hôpitaux, contactez :
1. Votre pédiatre qui, s'il est absent, a sûrement laissé sur sa messagerie un numéro à appeler en cas d'urgence.
2. À Paris :
- les urgences pédiatriques : 01 43 94 35 01 / 01 44 09 84 85 ;
- la GMP (Garde médicale de Paris) : 01 42 72 88 88 ;
- l'UMP (Urgences médicales de Paris) : 01 53 94 94 94 ;
- SOS Médecins Île-de-France : 01 47 07 77 77.
3. Le 15 (le Samu). Ce service assure une écoute téléphonique vingt-quatre heures sur vingt-quatre.
4. Le 18 (les pompiers) s'il y a une urgence vitale.

À noter : trois hôpitaux parisiens possèdent un service d'urgences pédiatriques.
- Hôpital Armand-Trousseau (26, avenue du Dr Arnold-Netter, 75012). Tél. : 01 44 73 67 40.
- Hôpital Necker-Enfants Malades (149, rue de Sèvres, 75015). Tél. : 01 44 49 42 90.
- Hôpital Robert-Debré (48, boulevard Sérurier, 75019). Tél. : 01 40 03 22 70.

Voici la liste des CHU (Centres hospitalo-universitaires) qui possèdent un service d'urgences pédiatriques (pour

le numéro de téléphone et l'adresse, tapez dans Google
« CHU » + le nom de la ville + « urgences pédiatriques »).
– CHU d'Amiens ;
– CHU d'Angers ;
– CHU de Besançon ;
– CHU de Bordeaux ;
– CHU de Brest ;
– CHU de Caen ;
– CHU de Clermont-Ferrand ;
– CHU de Dijon ;
– CHU de Fort-de-France ;
– CHU de Grenoble ;
– CHRU de Lille ;
– CHU de Limoges ;
– CHU de Lyon ;
– Assistance publique – hôpitaux de Marseille ;
– CHU de Montpellier ;
– CHU de Nancy ;
– CHU de Nantes ;
– CHU de Nice ;
– CHU de Nîmes ;
– CHU de Pointe-à-Pitre ;
– CHU de Poitiers ;
– CHU de Reims ;
– CHU de Rennes ;
– CHU de La Réunion ;
– CHU de Rouen ;
– CHU de Saint-Étienne ;
– Hôpitaux universitaires de Strasbourg ;
– CHU de Toulouse ;
– CHU de Tours.

Il existe aussi des maisons médicales de garde, ouvertes la nuit, le week-end et les jours fériés. On en trouve six à Paris, quatre à Lyon, deux à Toulouse et une à Strasbourg. Là, vingt-quatre heures sur vingt-quatre, un médecin de garde peut répondre à vos questions et vous orienter soit vers les urgences de l'hôpital le plus proche, soit vers un médecin de garde de votre ville. Tapez sur Google « Maison médicale de garde » + le nom de votre ville.

BIBLIOGRAPHIE

ANTIER, Edwige, *Élever mon enfant aujourd'hui*, Robert Laffont, 2001, rééd. 2006.

BADINTER, Élisabeth, *L'Amour en plus, Histoire de l'amour maternel*, Le Livre de Poche n° 5636.

BILLOT, Régine, *Le Guide des Jumeaux*, Balland, 2002.

CANDILIS-HUISMAN, Drina, *Naître et après?*, Gallimard-Jeunesse, coll. « Découvertes », 1997.

COHEN-SOLAL, Julien, *Comprendre et soigner son enfant*, Robert Laffont, 1999, rééd. 2004.

DOLTO Catherine, *Raconte-moi ma naissance : les aventures du bébé dans le ventre de sa maman*, Gallimard-Jeunesse, 2009.

ELIACHEFF Caroline et SZEJER Myriam, *Le Bébé et les ruptures*, Albin Michel, 2003.

FONTANEL, Béatrice et HARCOURT, Claire (d'), *L'Épopée des bébés de l'Antiquité à nos jours*, La Martinière, 1997, rééd. 2010.

GRANDSENNE, Philippe, *Bébé, dis-moi qui tu es*, Marabout, 2005.

HALMOS, Claude, *Grandir. Les étapes de la construction de l'enfant*, Fayard, 2009 ; Le Livre de Poche n° 31908.

LEBOYER, Frédéric, *Shantala : un art traditionnel, le massage des enfants*, 1976, Seuil, rééd. 2004.

NAOURI, Aldo, *L'Enfant bien portant*, Seuil, 1999 ; rééd. Odile Jacob, 2010.

— *Le Couple et l'Enfant*, Odile Jacob, 1995.

PAPIERNIK, Émile, PONS, Jean-Claude, CHARLEMAINE, Christiane, *Le Guide des jumeaux*, Odile Jacob, dernière édition 2012.

PERNOUD, Laurence, *J'élève mon enfant*, Pierre Horay, 1965, rééd. 2013.

SZEJER, Myriam, *Si les bébés pouvaient parler*, Bayard, 2009, rééd. 2011.

— *Des mots pour naître*, Gallimard, 1997.

THIRION, Marie, *L'Allaitement*, Albin Michel, 1999, rééd. 2004.

TRUCHIS-LENEVEU, Chantal de, *L'Éveil de votre enfant*, Albin Michel, 1996, rééd. 2009.

Le Livre de Poche s'engage pour
l'environnement en réduisant
l'empreinte carbone de ses livres.
Celle de cet exemplaire est de :
350 g éq. CO$_2$
Rendez-vous sur
www.livredepoche-durable.fr

**PAPIER À BASE DE
FIBRES CERTIFIÉES**

Composition réalisée par DATAGRAFIX

Achevé d'imprimer en mai 2013, en France sur Presse Offset par
Maury-Imprimeur – 45330 Malesherbes
N° d'imprimeur : 181704
Dépôt légal 1re publication : mai 2013
LIBRAIRIE GÉNÉRALE FRANÇAISE – 31, rue de Fleurus – 75278 Paris Cedex 06

31/6703/8